MINI ENCYCLOPÉDIE

Chiens

D1151683

MINI ENCYCLOPÉDIE

Chiens

Joan Palmer

SOLAR

SOMMAIRE

Traduction-adaptation française : Bruno Porlier

Réalisation PAO : ML Éditions, Paris

Photographies : Paul Forrester

Titre original : *Dog Breeds*

© 1994 Quintet Publishing Limited

© 1996, Éditions Nathan, Paris,
pour l'édition française

© 2001, Éditions Solar, Paris,
pour la présente édition

ISBN : 2-263-03210-X
N° D'ÉDITEUR : S03210

Imprimé en Chine

LA NOMENCLATURE CYNOLOGIQUE

1er GROUPE. CHIENS DE BERGER ET DE BOUVIER
- I Chiens de berger
- II Chiens de bouvier (sauf races suisses)

2e GROUPE. CHIENS DE TYPE PINSCHER ET SCHNAUZER, MOLOSSOÏDES ET CHIENS DE BOUVIER SUISSES
- I Type Pinscher-Schnauzer
- II Molossoïdes (type Dogue et type Montagne)
- III Chiens de bouvier suisses

3e GROUPE. TERRIERS
- A de grande et moyenne tailles
- B de petite taille
- C de type Bull
- D d'agrément

4e GROUPE. TECKELS
- A standards
- B nains
- C Kaninchen (de chasse au lapin)

5e GROUPE. CHIENS DE TYPE SPITZ ET DE TYPE PRIMITIF
- I Chiens nordiques
- II Spitz européens
- III Spitz asiatiques et apparentés
- IV Type primitif
- V Type primitif – chiens de chasse

6e GROUPE. CHIENS COURANTS ET CHIENS DE RECHERCHE AU SANG
- I Chiens courants
- II Chiens de recherche au sang

7e GROUPE. CHIENS D'ARRÊT
- I Chiens d'arrêt continentaux
- II Chiens d'arrêt des îles Britanniques

8e GROUPE. CHIENS LEVEURS DE GIBIER, RAPPORTEURS ET CHIENS D'EAU
- I Rapporteurs de gibier (retrievers)
- II Chiens leveurs de gibier ou broussailleurs
- III Chiens d'eau

9e GROUPE. CHIENS D'AGRÉMENT OU DE COMPAGNIE
- I Bichons et apparentés
- II Caniches (grand, moyen, nain et miniature)
- III Chiens belges de petit format
- IV Chiens nus
- V Chiens du Tibet
- VI Chihuahua
- VII Dalmatien
- VIII Épagneuls anglais d'agrément
- IX Épagneuls japonais et pékinois
- X Épagneuls nains continentaux
- XI Kromfohrländer
- XII Molossoïdes de petit format

10e GROUPE. LÉVRIERS
- A Lévriers à poil long ou frangé
- B Lévriers à poil dur
- C Lévriers à poil court, oreilles couchées ou tombantes

INTRODUCTION

L'Homme s'est aperçu il y a plus de 2 000 ans qu'il pouvait, par l'élevage sélectif, produire des chiens possédant non seulement la robe et la taille désirées, mais également des dispositions naturelles innées telles qu'un puissant instinct de garde ou une exceptionnelle acuité visuelle. Grâce à ce guide superbement illustré, vous allez apprendre à distinguer plus de 100 races d'après leurs caractéristiques physiques et comportementales.

CONFORMATION ET TERMINOLOGIE
Un vocabulaire spécifique et standardisé a été adopté, applicable à la description des races du monde entier.

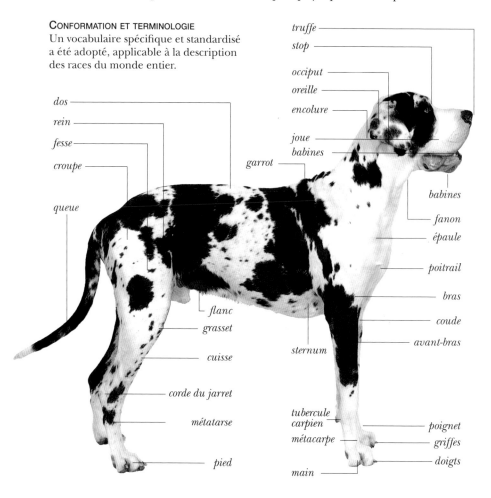

dos
rein
fesse
croupe
queue

truffe
stop
occiput
oreille
encolure
joue
babines
garrot

babines
fanon
épaule
poitrail
bras
coude
avant-bras

flanc
grasset
cuisse

corde du jarret
métatarse
pied

sternum

tubercule carpien
métacarpe
main

poignet
griffes
doigts

La tête

On en distingue trois types de base, eux-mêmes divisés en sous-types. Huit d'entre eux, parmi les plus significatifs et que l'on retrouvera dans la partie guide de cet ouvrage, sont illustrés ci-dessous. Une tête présentant un manque de raffinement est dite « grossière ».

En pomme

Bien proportionnée

Forte

À lignes pures

Ovoïde

Tête de loutre

En poire

Rectangulaire

Les oreilles

L'oreille d'un chien est décrite en fonction de sa morphologie et de son port. Le terme « attache » se rapporte à la position des pavillons par rapport au niveau de l'œil et/ou à la largeur du crâne. Neuf formes types sont présentées ici.

De chauve-souris

En bouton

LES OREILLES
(suite)

Tombantes

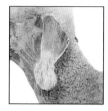

En amande

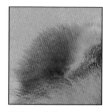

Triangulaires

Plates

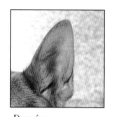

Dressées

En rose

Semi-tombantes

LA QUEUE

Les termes employés pour décrire la queue prennent en compte sa longueur, sa forme, son port, son implantation, ainsi que l'abondance des poils qui la recouvrent. L'« attache », ou « implantation », permet de préciser à quel niveau la base de la queue s'insère sur la croupe : haut, bas, etc. Selon leur stan-

Anoure (queue absente)

Fouet en drapeau

Cassée

Queue de loutre

En tire-bouchon

En faucille

En dague

Fouet

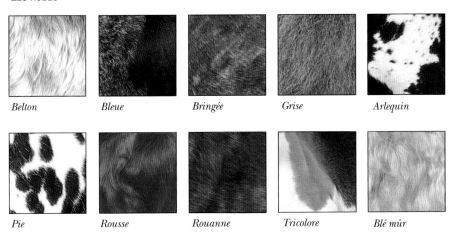

Belton   *Bleue*   *Bringée*   *Grise*   *Arlequin*

Pie   *Rousse*   *Rouanne*   *Tricolore*   *Blé mûr*

---

dard, certaines races doivent avoir la queue coupée ou raccourcie. L'opération, appelée caudectomie, doit être pratiquée par un vétérinaire.

En cor de chasse

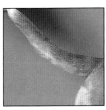

Fouet en lame de sabre

Ramenée sur le dos

Fouet en chandelle

COMMENT
UTILISER CE LIVRE

LA CLASSIFICATION

Dans cet ouvrage, chaque race est présentée avec sa position dans la nomenclature cynologique officielle *(voir page 5)*, reconnue et utilisée en France par la Société centrale canine.

LES SYMBOLES

Les symboles vous fourniront en un coup d'œil des indications pratiques sur les besoins de chaque race. Les quatre domaines essentiels – nourriture, soins du poil, besoins en espace et en exercice – sont symbolisés chacun par un carré divisé en quatre parties : plus un carré comporte de parties colorées, plus le besoin correspondant est grand.

Besoins en nourriture   *Entretien du poil*   *Besoins en espace*   *Besoins en exercice*

BOULEDOGUE ANGLAIS

2ᵉ groupe, section II,
Molossoïdes de type Dogue.

TERRIER DE BOSTON

9ᵉ groupe, section XII, chiens d'agrément,
Molossoïdes de petit format.

Race très ancienne, le Bulldog fut développé pour combattre les taureaux, un « sport » qui avait vu le jour au XIIIᵉ siècle en Grande-Bretagne.

Poil Court, doux et serré.

Robes Colorations uniformes ou avec masque ou museau noir : fauve, fauve bringé, pie (avec taches fauves ou fauve bringé). Le noir n'est pas admis en concours.

Principaux traits Crâne large ; yeux implantés bas ; petites oreilles attachées haut ; épaules larges et inclinées ; queue implantée bas et pouvant être soit droite, soit en tire-bouchon.

Mensurations De 30 à 40 cm. Mâles, environ 25 kg ; femelles, environ 23 kg.

Soins Nécessite un brossage quotidien. Il faut prendre garde de ne pas le fatiguer par temps chaud.

Comportement Doux et affectueux, de bonne nature.

Race née de croisements entre Bulldog et Bull-Terrier importés aux États-Unis au XIXᵉ siècle.

Poil Court et doux.

Robes Bringée avec marques blanches. Robe noire avec marques blanches également admise.

Principaux traits De conformation compacte et bien équilibrée. Tête carrée, plate sur le dessus ; yeux ronds largement écartés ; mâchoire large et carrée ; oreilles dressées attachées dans les angles de la tête ; poitrail large ; queue fine implantée bas.

Mensurations De 25 à 40 cm. Léger, moins de 7 kg ; moyen, de 7 à 8,5 kg ; lourd, de 8,5 à 11 kg.

Soins D'entretien facile, son poil nécessite peu de soins.

Comportement Chien vif et intelligent, mais d'un caractère déterminé et volontaire.

DALMATIEN

9e groupe, section VII, chiens d'agrément
ou de compagnie.

BOULEDOGUE FRANÇAIS

9e groupe, section XII, chiens d'agrément,
Molossoïdes de petit format.

Doit son nom à la Dalmatie, région sur la côte de l'Adriatique. La race fut cependant établie en Grande-Bretagne dans les années 1800 où elle avait le rôle prestigieux d'accompagner les attelages des aristocrates.

POIL Court, fin, dense et serré, d'aspect lisse et brillant.

ROBES Couleur de fond blanc pur parsemée de taches noir ou brun feu. Taches des extrémités plus petites que sur le reste du corps.

PRINCIPAUX TRAITS Tête longue et crâne plat; yeux modérément écartés; oreilles de taille moyenne attachées haut; poitrail profond; queue longue, portée légèrement recourbée vers le haut.

MENSURATIONS Mâles, de 55 à 61 cm; femelles, de 50 à 58 cm. De 22 à 25 kg.

SOINS Nécessite beaucoup d'exercice et un brossage quotidien; tend à perdre ses poils blancs.

COMPORTEMENT Ce chien intelligent, affectueux et énergique est doté d'un tempérament égal.

Descendant à l'évidence de Bulldogs de petite taille – mais dont on ne sait pas si les origines sont espagnoles ou anglaises –, le Bouledogue Français est une race populaire depuis le début du XXe siècle.

POIL Court, doux et de texture fine.

ROBES Bringée, pie ou fauve.

PRINCIPAUX TRAITS Tête carrée, grosse et large; yeux sombres et très écartés; oreilles « de chauve-souris », attachées haut et portées dressées; corps court, musculeux et ramassé; queue non coupée, naturellement très courte, en tire-bouchon.

MENSURATIONS De 25 à 35 cm et de 8 à 14 kg.

SOINS Nécessite un brossage quotidien et un bouchonnage pour faire briller le poil. Rides faciales à lubrifier pour prévenir les irritations.

COMPORTEMENT D'une bonne nature et d'un caractère doux, affectueux et courageux.

Âgé de cinq cents ans au moins, le Schnauzer Moyen est la plus vieille des trois variétés de Schnauzers. On pense qu'il est issu de formes anciennes de chiens de bouvier, mais les origines exactes de la race restent obscures.

POIL Rigide et rêche ; sous-fourrure plus douce.
ROBES Noir pur (les marques blanches sur la tête, le poitrail et les membres ne sont pas souhaitées), ou poivre et sel.
PRINCIPAUX TRAITS Tête forte et assez allongée ; yeux sombres et ovales ; oreilles pointues, semi-tombantes, mais dressées si elles sont coupées ; poitrail modérément large ; queue haute et droite, coupée au niveau de la troisième vertèbre.

MENSURATIONS Mâles et femelles de 45 à 50 cm et environ 15 kg.
SOINS Poil dur réclamant des brossages assez fréquents. Les sujets d'agrément peuvent être taillés, mais il est préférable de demander conseil à l'éleveur avant de se lancer dans le toilettage de ce chien, qu'il semble plus raisonnable de confier à un professionnel en vue d'un concours.
COMPORTEMENT Chien attrayant, robuste, intelligent et joueur, qui apprécie l'exercice régulier.

SCHNAUZER GÉANT

2ᵉ groupe, section I, chiens de type Schnauzer.

SCHNAUZER NAIN

2ᵉ groupe, section I, chiens de type Schnauzer.

À l'origine chien de troupeau, le Schnauzer Géant, ou Riesenschnauzer, fut menacé d'extinction, jusqu'à ce que la Première Guerre mondiale lui donne l'occasion de montrer ses qualités de chien de défense.

POIL Dur et rêche.

ROBES Noir pur ou poivre et sel.

PRINCIPAUX TRAITS Tête forte et assez allongée ; yeux sombres et ovales ; oreilles pointues, semi-tombantes, dressées si elles sont coupées ; poitrail modérément large ; queue haute et droite, coupée au niveau de la troisième vertèbre.

MENSURATIONS Mâles et femelles de 60 à 70 cm et de 30 à 40 kg.

SOINS Débarrasser régulièrement des bourrages et des poils morts. Les tailles seront confiées de préférence à un spécialiste.

COMPORTEMENT C'est un compagnon fiable, intelligent et de bonne nature.

Connu dans son Allemagne natale sous le nom de Zwergschnauzer, ce chien résulte de croisements entre le Schnauzer Moyen et des chiens plus petits, probablement des Affenpinschers.

POIL Dur et rêche.

ROBES Noir pur ou poivre et sel.

PRINCIPAUX TRAITS Tête forte et assez allongée ; yeux sombres et ovales ; oreilles pointues, semi-tombantes, dressées si elles sont coupées ; queue haute et droite, coupée au niveau de la troisième vertèbre.

MENSURATIONS Mâles et femelles de 30 à 35 cm et de 5,9 à 6,8 kg.

SOINS Il a besoin d'exercice quotidien et son pelage requiert les mêmes soins que ceux de ses cousins : brossages réguliers et tailles périodiques. Peigner les moustaches tous les jours.

COMPORTEMENT Vif et affectueux, il fait un excellent chien de compagnie.

CANICHE MOYEN
9e groupe, section II, chiens d'agrément.

Jadis chien de compagnie favori de la reine Marie-Antoinette, le Caniche est né en Allemagne où il était employé à l'origine comme retriever pour la chasse au gibier d'eau. Il présente de fortes ressemblances avec le Chien d'Eau Irlandais, tous deux ayant pour ancêtre commun le Barbet Français.

POIL Très abondant et dense, de texture fine et épais sous la main.

ROBES Toutes colorations unies, claires de préférence.

PRINCIPAUX TRAITS Tête allongée et fine ; yeux en amande ; oreilles attachées haut et pendant près de la tête ; poitrail large et profond ; queue implantée haut et portée relevée.

MENSURATIONS De 35 à 45 cm et environ 12 kg.

SOINS Un toilettage doit être effectué toutes les six semaines environ et l'entretien quotidien se fait à l'aide d'une brosse à coussin d'air et à soie en métal, ainsi que d'un peigne métallique. La taille « en lion » que l'on voit ici est la seule admise en concours, même si beaucoup de possesseurs de Caniches préfèrent la taille en mouton, où le poil est coupé à une longueur uniforme sur tout le corps. Le Caniche ne mue pas, et donc son poil n'affecte généralement pas les personnes asthmatiques ou allergiques.

COMPORTEMENT Gai, vivant et de bon caractère, ce chien montre des dispositions certaines pour l'apprentissage et l'obéissance.

CANICHE NAIN

9e groupe, section II, chiens d'agrément.

Développée sur la base du Caniche Moyen, probablement à partir des spécimens les plus petits, cette race a connu sa plus forte popularité durant les années 1950.

POIL Très abondant et dense.

ROBES Toutes colorations unies, et de préférence claires pour les concours.

PRINCIPAUX TRAITS Tête allongée et fine ; yeux en amande ; oreilles implantées haut et pendant près de la tête ; poitrail large et profond ; queue implantée haut et portée relevée.

MENSURATIONS De 28 à 35 cm et environ 7 kg.

SOINS Le Caniche nain a besoin lui aussi de brossages quotidiens avec les mêmes accessoires : brosse et peigne métalliques.

COMPORTEMENT Intelligent et amusant.

CANICHE MINIATURE OU TOY

9e groupe, section II, chiens d'agrément.

SOINS Il requiert le même entretien que les deux autres Caniches, avec la même fréquence.

COMPORTEMENT Idéal pour la vie en appartement ; la moins robuste des trois variétés.

Dérivé lui aussi du Caniche Moyen, le Caniche Miniature fut reconnu comme race à part entière dans les années 1950.

POIL Très abondant et dense, épais sous la main.

ROBES Toutes colorations unies, claires de préférence.

PRINCIPAUX TRAITS

Tête allongée et fine ; yeux en amande ; oreilles attachées haut ; poitrail large et profond ; queue implantée haut et portée relevée.

MENSURATIONS Moins de 28 cm et moins de 7 kg.

CHOW-CHOW

5e groupe, section III,
type Spitz asiatiques et apparentés.

Membre de la famille des Spitz, le Chow-Chow est connu dans sa Chine natale depuis plus de 2 000 ans. C'est la seule race à posséder une langue de couleur noire.

POIL Abondant, dense et rêche avec crinière prononcée et queue fournie. Il existe une variété à poil court, dense et dur, sans crinière ni queue fournie.

ROBES Unie, noire, feu, bleue, fauve ou crème.

PRINCIPAUX TRAITS Tête large et aplatie ; petites oreilles légèrement arrondies à l'extrémité ; poitrail large et profond et corps compact ; queue implantée haut et recourbée sur le dos.

MENSURATIONS Mâles, de 48 à 56 cm et de 20 à 25 kg ; femelles, de 46 à 51 cm et de 18 à 20 kg.

SOINS Le poil nécessite un entretien très soigneux à la brosse métallique.

COMPORTEMENT Fidèle et alerte mais indépendant.

LHASSA APSO

9e groupe, section V,
chiens d'agrément du Tibet.

Originaire du Tibet, c'est probablement un lointain descendant du Dogue du Tibet.

POIL Poil de garde long, lourd, raide et rêche ; sous-poil dense et plus doux.

ROBES Unie de couleur dorée, sable, miel, gris sombre, charbonnée, ardoise ou noire ; particolore (plusieurs couleurs) noire, blanche ou brune.

PRINCIPAUX TRAITS Longs poils sur la tête couvrant les yeux et tombant vers le sol ; oreilles très poilues ; yeux sombres ; corps compact bien équilibré ; queue implantée haut et portée relevée sur le dos.

MENSURATIONS Mâles, environ 25,5 cm ; femelles légèrement plus petites. De 4 à 7 kg.

SOINS Son poil long doit être brossé quotidiennement avec attention.

COMPORTEMENT Chien gai et adaptable, généralement doté d'une grande longévité.

SPITZ JAPONAIS

5e groupe, section III,
type Spitz asiatiques et apparentés

Le Spitz Japonais partage des ancêtres communs avec les Spitz Nordiques ; il est également très proche des Spitz Allemands et du Loulou de Poméranie.

POIL Dense, raide avec sur-fourrure dressée. Sous-fourrure courte et épaisse.

ROBE Blanc pur.

PRINCIPAUX TRAITS Tête de taille moyenne bien proportionnée ; yeux sombres ; petites oreilles triangulaires dressées ; poitrail large et profond ; queue implantée haut et étroitement enroulée sur l'échine. La truffe seule est noire.

MENSURATIONS Mâles et femelles de 30 à 40 cm et environ 10 kg.

SOINS Nécessite un brossage quotidien et apprécie l'exercice.

COMPORTEMENT Loyal envers ses maîtres mais méfiant avec les étrangers. Chien intelligent, vivant et hardi pouvant faire, à l'occasion, un bon petit chien de garde, surtout un agréable compagnon.

SHIBA INU

5e groupe, section III,
type Spitz asiatiques et apparentés.

Le Shiba Inu est une race japonaise très ancienne – on a retrouvé des restes d'un animal de ce type dans des ruines datant de 500 av. J.-C. C'est le plus petit de tous les Spitz ; son nom, dans le dialecte Nagano, signifie d'ailleurs « petit chien ».

POIL Dur et droit mais abondant.

ROBES Rouge, poivre et sel, noire, noir et feu ou blanche.

PRINCIPAUX TRAITS Chien agile au corps trapu et bien musclé ; poitrail profond ; dos long ; yeux en amande ; longue queue en faucille.

MENSURATIONS Mâles, de 38 à 41 cm ; femelles, de 35 à 38 cm. De 6 à 10 kg.

SOINS Réclame beaucoup d'exercice et un brossage quotidien.

COMPORTEMENT Chien amical, affectueux et sensible mais parfois distant ; très bon animal de chasse, de compagnie ou de concours.

SHAR-PEÏ

2ᵉ groupe, section II, chiens Molossoïdes de type Dogue.

Le Shar-Peï, ou Chien de combat chinois, fut un temps la race la plus rare du monde. Ses origines remontent à la dynastie Han, de 206 av. J.-C. à 220 apr. J.-C.

POIL Ras, raide et donnant au toucher la sensation d'une brosse.

ROBES Uniquement unies, noire, rousse, fauve clair ou foncé, ou crème.

PRINCIPAUX TRAITS Peau plissée ; tête plutôt large par rapport au corps ; yeux sombres en amande ; oreilles très petites et triangulaires ; poitrail large et profond ; queue ronde se terminant en pointe fine, implantée haut et portée relevée, droite ou recourbée sur l'échine, d'un côté ou de l'autre.

MENSURATIONS De 40 à 51 cm et environ 20 kg.

SOINS Poil jamais toiletté. Réclame en revanche une dépense physique assez élevée.

COMPORTEMENT Chien très affectueux en dépit de son expression renfrognée, calme, indépendant et dévoué.

TERRIER TIBÉTAIN

9ᵉ groupe, section V, chiens d'agrément du Tibet.

Le Terrier Tibétain n'est en fait nullement un terrier, n'ayant jamais connu d'emploi de ce genre. Ressemblant à un Bobtail en réduction, il a été développé dans les lamaseries, surtout, semble-t-il, en tant qu'animal de compagnie.

POIL Sous-poil doux et laineux ; poil de garde long et fin, raide ou ondulé.

ROBES Toutes colorations unies ou combinaisons de couleurs admises.

PRINCIPAUX TRAITS Grands yeux ronds et sombres ; oreilles pendantes très fournies ; corps compact et puissant ; queue moyenne-ment longue, attachée assez haut et portée enroulée sur l'échine.

MENSURATIONS Mâles, de 35,5 à 40,5 cm ; femelles légèrement plus petites. De 8 à 13 kg.

SOINS Son long pelage nécessite une attention régulière.

COMPORTEMENT Chien robuste, bon marcheur, loyal, dévoué à ses maîtres.

TERRE-NEUVE

2ᵉ groupe, section II,
chiens Molossoïdes de type Montagne.

MASTIFF

2ᵉ groupe, section II,
chiens Molossoïdes de type Dogue.

Avec cet instinct qui le pousse à rapporter tout – homme ou objet – ce qui tombe à l'eau, le Terre-Neuve s'est taillé une réputation d'excellent chien de sauvetage.

POIL Double fourrure dense au poil plat, huileux et imperméable à l'eau.
ROBES Noire, bronze, grise ou Landseer (tête noire et marques noires sur fond blanc).
PRINCIPAUX TRAITS Tête large et massive ; petits yeux brun foncé ; petites oreilles attachées bien en arrière ; corps large, massif et musculeux ; queue très fournie.
MENSURATIONS Mâles, 68 cm au minimum et de 64 à 69 kg ; femelles, 63 cm au minimum et de 50 à 54,5 kg.
SOINS Doit être brossé quotidiennement.
COMPORTEMENT Chien doux et de bon caractère.

Comptant parmi les plus anciennes races du monde, des chiens de ce type étaient déjà prisés par les Babyloniens il y a plus de 4 000 ans.

POIL Poil de garde court et dru ; sous-poil dense et serré.
ROBES Abricot, fauve ou bringée. Oreilles, museau, truffe et tour des yeux noirs.
PRINCIPAUX TRAITS Crâne large ; yeux petits et écartés ; petites oreilles, poitrail profond portant une encolure musclée ; corps large et allongé ; membres au carré ; queue implantée haut.
MENSURATIONS Mâles, 70 cm ; femelles, 66 cm. De 70 à 90 kg.
SOINS L'entretien de sa musculature nécessite une dépense fréquente et régulière.
COMPORTEMENT Alerte et loyal ; excellent gardien.

BULLMASTIFF

2e groupe, section II,
chiens Molossoïdes de type Dogue.

Le Bullmastiff, issu du croisement entre le Bulldog et le Mastiff, fut développé il y a 200 ou 300 ans dans le but de créer un chien de combat puissant et courageux.

POIL Court, dense et lisse.
ROBES Toutes nuances bringées, fauves ou rouges ; museau noir.
PRINCIPAUX TRAITS Grosse tête carrée ; yeux sombres ou noisette ; oreilles en V, attachées haut et bien écartées ; corps puissant et compact ; queue implantée haut.
MENSURATIONS Mâles, de 63,5 à 68,5 cm et de 50 à 59 kg ; femelles, de 61 à 66 cm et de 41 à 50 kg.
SOINS Il a besoin de beaucoup d'espace et d'exercice. L'entretien se limite à un brossage tous les trois ou quatre jours.
COMPORTEMENT Chien joueur, fidèle et doux mais très puissant, convenant mieux à un maître expérimenté.

BOXER

2e groupe, section II,
chiens Molossoïdes de type Dogue.

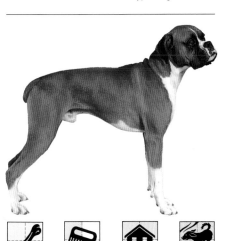

Les origines du Boxer remontent aux Mastiffs que les Cimbres (antique tribu germanique) opposèrent aux légions romaines.

POIL Court, brillant et lisse.
ROBES Fauve jaune à fauve roux ou bringée avec marques blanches. En concours, ces dernières ne doivent pas occuper plus d'un tiers de la robe.
PRINCIPAUX TRAITS Yeux brun foncé situés très en avant sur le crâne ; oreilles de taille moyenne très écartées ; poitrail large et profond et dos droit ; corps à silhouette plutôt carrée ; queue implantée haut et traditionnellement coupée.
MENSURATIONS Mâles, de 57 à 64 cm ; femelles, de 53 à 60 cm. De 25 à 30 kg.
SOINS Nécessite beaucoup d'exercice ; son poil, en revanche, demande peu de soins.
COMPORTEMENT Affectueux et joueur mais volontiers chamailleur avec les autres chiens.

COLLEY OU BERGER D'ÉCOSSE À POIL RAS

1er groupe, section I, chiens de berger.

Venus d'Islande, les ancêtres des Colleys à poil ras et à poil long arrivèrent en Écosse il y a plus de 400 ans et furent employés comme bergers. Le terme « colley » désigne une race de mouton à face et pattes noires que le chien garda pendant des siècles dans les Highlands.

POIL Court, rêche et lisse avec sous-poil doux et dense.

ROBES Toutes sont admises ; souvent blanc et sable, tricolore (noir, blanc et feu) ou merle.

PRINCIPAUX TRAITS La tête allongée doit appa-raître fine par rapport au corps ; yeux en amande ; petites oreilles assez écartées ; corps légèrement allongé par rapport à la taille ; longue queue généralement portée bas.

MENSURATIONS Mâles, de 56 à 61 cm et de 20 à 29 kg ; femelles, de 51 à 56 cm et de 18 à 25 kg.

SOINS Demande beaucoup d'espace et d'exercice ; poil facile à entretenir.

COMPORTEMENT Très fidèle et affectueux, facile à dresser ; naturellement méfiant vis-à-vis des étrangers, il fait un excellent chien de garde.

COLLEY OU BERGER D'ÉCOSSE À POIL LONG

1er groupe, section I, chiens de berger.

Le plus célèbre des Colleys à poil long reste sans aucun doute Lassie, la fameuse vedette de cinéma américaine qui contribua à la renommée de la race. Très semblable à son « cousin » à poil ras, le Colley à poil long est cependant beaucoup plus répandu.

POIL Poil de garde long, droit et très dense, rêche au toucher ; sous-fourrure douce et très serrée.

ROBES Toutes sont admises ; souvent blanc et sable, tricolore (noir, blanc et feu) ou merle.

PRINCIPAUX TRAITS La tête allongée doit apparaître fine par rapport au corps ; yeux en amande de taille moyenne ; petites oreilles assez écartées ; corps légèrement allongé par rapport à la taille ; longue queue.

MENSURATIONS Mâles, de 56 à 61 cm et de 20 à 29 kg ; femelles, de 51 à 56 cm et de 18 à 25 kg.

SOINS Réclame lui aussi beaucoup d'exercice mais, malgré son épaisseur, sa fourrure est d'un entretien facile.

COMPORTEMENT Intelligent, robuste, doté d'une vue excellente. Facile à dresser et bon chien de garde.

BERGER DES SHETLAND

1ᵉʳ groupe, section I,
chiens de berger.

Le « Sheltie » est originaire des îles Shetland, situées au large des côtes nord de l'Écosse, où il est élevé depuis plus de 135 ans.

POIL Poils de garde longs et de texture rêche ; sous-poil court, doux et serré.
ROBES Sable, tricolore, bleu merle (bleu clair argenté), noir et blanc, noir et feu.
PRINCIPAUX TRAITS Longue tête raffinée ; yeux de taille moyenne, en amande et obliques ; petites oreilles assez larges à la base ; encolure arquée et musculeuse ; dos droit ; queue implantée bas et s'effilant vers l'extrémité.
MENSURATIONS Mâles, de 36 à 40 cm ; femelles, de 34 à 38 cm. De 5 à 10 kg.
SOINS Nécessite un entretien quotidien à l'aide d'une brosse à soie dure et d'un peigne et n'est pas fait pour coucher en dehors de la maison.
COMPORTEMENT Chien intelligent et fidèle qui aime prendre de l'exercice.

BOBTAIL

1ᵉʳ groupe, section I,
chiens de berger.

Le Bobtail existe en Grande-Bretagne depuis des siècles. Jadis employé à la conduite et à la défense des troupeaux, il est devenu au fil du temps presque exclusivement chien de compagnie.

POIL Long et bien fourni mais sans excès, de texture rêche.
ROBES Toutes nuances de bleu ou de gris.
PRINCIPAUX TRAITS Tête proportionnée au corps ; yeux bien écartés ; petites oreilles portées aplaties sur les côtés de la tête ; corps court et compact ; queue écourtée à ras.
MENSURATIONS Mâles, 61 cm au minimum ; femelles, 56 cm au minimum. De 25 à 30 kg.
SOINS Son poil doit être brossé quotidiennement et longuement préparé pour les concours.
COMPORTEMENT Dévoué, sensible mais quelque peu turbulent, ce chien a besoin de beaucoup se dépenser.

BEARDED-COLLIE

1er groupe, section I,
chiens de berger.

BORDER-COLLIE

1er groupe, section I,
chiens de berger.

Issu de Bergers de plaine polonais, le Bearded-Collie, ou Colley barbu, est considéré comme l'une des plus anciennes races de chiens de berger d'Écosse.

POIL Long, plat, rêche et très fourni, parfois un peu ondulé. Sous-poil doux et serré.
ROBES Gris ardoise ou d'autres nuances, fauve rougeâtre, noire, bleue, brune ou sable, avec ou sans marques blanches.
PRINCIPAUX TRAITS Tête large et aplatie ; oreilles tombantes, de taille moyenne ; corps long ; queue implantée bas, non vrillée.
MENSURATIONS Mâles, de 52 à 58 cm ; femelles, de 49 à 54 cm. De 25 à 30 kg.
SOINS Le poil nécessite des brossages soigneux, qui en limiteront la chute naturelle.
COMPORTEMENT Alerte et sûr de lui, c'est un chien actif, faisant un excellent compagnon et sujet de concours.

Le Border-Collie est issu des chiens travaillant jadis dans les « Borders », région frontière entre l'Angleterre et l'Écosse. La race participe aux concours canins depuis 1873.

POIL Deux variétés : court et mi-long ; épais et droit dans les deux cas.
ROBES Généralement pie, mais toutes les variétés de colorations sont admises ; le blanc ne doit jamais être dominant.
PRINCIPAUX TRAITS Yeux ovales bien écartés ; oreilles de taille moyenne, bien écartées ; corps d'aspect athlétique ; queue assez longue, en fouet, un peu recourbée à l'extrémité.
MENSURATIONS Mâles, de 50 à 55 cm ; femelles, de 47 à 52 cm. De 15 à 20 kg.
SOINS Requiert énormément d'exercice. Son poil doit être régulièrement brossé et peigné.
COMPORTEMENT Fidèle et très intelligent, c'est un chien robuste ayant un sens inné du travail sur le troupeau.

WELSH-CORGI PEMBROKE

1ᵉʳ groupe, section I,
chiens de berger.

WELSH-CORGI CARDIGAN

1ᵉʳ groupe, section I,
chiens de berger.

Le Welsh-Corgi Pembroke, favori de la cour d'Angleterre, est employé dans le sud du pays de Galles depuis le XIᵉ siècle. Son travail consistait à contrôler les mouvements du bétail en le mordant aux pattes. Il est possible que la race soit issue du Chien des Goths.

POIL Mi-long et droit avec sous-poil dense.
ROBES Rouge, sable, fauve ou noir et feu, avec ou sans marques blanches sur les membres, le poitrail et l'encolure.
PRINCIPAUX TRAITS Tête vulpine ; oreilles dressées aux pointes légèrement arrondies, poitrail profond et corps modérément allongé ; queue courte, écourtée si nécessaire.
MENSURATIONS De 25 à 30 cm. Mâles, de 10 à 12 kg ; femelles, de 9 à 11 kg.
SOINS Il aura tendance à prendre du poids s'il ne fait pas suffisamment d'exercice. Son poil nécessite un brossage quotidien.
COMPORTEMENT Petit chien débordant d'énergie et très dévoué.

Plus rare mais possédant une histoire similaire, le Corgi Cardigan fut pourtant croisé avec le Pembroke jusqu'aux années 1930. Il présente une ossature plus massive et un corps plus volumineux, et se distingue aisément par la présence de sa longue queue fournie.

POIL Court ou mi-long, de texture dure ; sous-poil court et épais.
ROBES Toutes colorations admises, avec ou sans marques blanches ; celles-ci ne doivent pas être dominantes.
PRINCIPAUX TRAITS Tête à la silhouette et aux traits vulpins ; yeux de taille moyenne ; oreilles dressées ; poitrail assez large avec sternum proéminent ; queue fournie, implantée dans la ligne du corps.
MENSURATIONS Environ 30 cm. Mâles, environ 19 kg ; femelles, environ 16 kg.
SOINS Même tendance à prendre du poids que le Pembroke. Son poil à l'épreuve des intempéries doit être brossé tous les jours.
COMPORTEMENT Très actif et dévoué, on le dit d'un tempérament plus égal que le Pembroke.

BERGERS BELGES

Le Tervueren, au long poil, doit son nom à la région de Belgique où il a vu le jour, développé par un éleveur local.

Les quatre variétés – Grœnendael, Malinois, Tervueren et Laekenois – ont toutes été développées à partir des nombreux chiens de berger existant en Belgique à la fin du XIXe siècle. Chacune possède aujourd'hui un standard à part entière.

POIL *Grœnendael* et *Tervueren* : long, droit et abondant. *Malinois* : très court sur la tête, les oreilles et la partie inférieure des membres, court sur le reste du corps. *Laekenois* : dur, sec et rude au toucher.

ROBES *Grœnendael* : noire unie ou avec un peu de blanc. *Tervueren* : toutes nuances de rouge, de fauve et de gris avec couverture noire. *Malinois* : toutes nuances de rouge, de fauve et de gris avec couverture noire. *Laekenois* : fauve rougeâtre ombré de noir.

PRINCIPAUX TRAITS Longue tête finement ciselée ; yeux de taille moyenne ; oreilles triangulaires ; silhouette élégante avec dos puissant et poitrail large ; queue de longueur moyenne et robuste à la base.

MENSURATIONS Mâles, de 60 à 66 cm ; femelles de 56 à 62 cm. De 28 à 35 kg.

SOINS Nécessitent énormément d'exercice. Leur poil doit être brossé régulièrement.

COMPORTEMENT Intelligents et toujours en éveil, ce sont de bons gardiens et des chiens obéissants.

CHIEN DE MONTAGNE DES PYRÉNÉES

2e groupe, section II, chiens Molossoïdes de type Montagne.

Probablement originaire d'Asie, il a sans doute pour ancêtre le Dogue du Tibet.

POIL Long et de texture laineuse ; sous-poil fin et très dense.

ROBES Blanche, avec ou sans taches fauve pâle, grisardes ou charbonnées.

PRINCIPAUX TRAITS Crâne bombé ; petites oreilles triangulaires ; large poitrail ; dos droit ; queue touffue.

MENSURATIONS Mâles, de 70 à 80 cm ; femelles, de 65 à 72 cm. De 50 à 70 kg.

SOINS Peut être chien d'intérieur à condition de pouvoir se dépenser beaucoup et régulièrement.

COMPORTEMENT Protecteur dévoué et de bonne nature, il s'accommode très bien des autres animaux du foyer.

SAINT-BERNARD

2e groupe, section II, chiens Molossoïdes de type Montagne.

Ce chien doit son nom à l'hospice du Grand-Saint-Bernard, en Suisse, où il se forgea sa réputation de sauveteur en montagne.

POIL Court et lisse ou long et ondulé.

ROBES Blanche avec taches orange, acajou bringé ou roux bringé ; étoile blanche sur la face ; museau, collier, poitrail, membres antérieurs, pieds et bout de la queue blancs ; taches noires sur les yeux et les oreilles.

PRINCIPAUX TRAITS Tête large et massive ; yeux pleureurs ; dos large et droit ; épaules musculeuses ; queue implantée haut.

MENSURATIONS Mâles, 70 cm au minimum ; femelles, 65 cm au minimum. De 55 à 100 kg.

SOINS Éviter un excès d'exercice dans sa première année. Son entretien consiste en un brossage quotidien.

COMPORTEMENT Intelligent, doué pour le dressage, très doux et adorant les enfants.

BOUVIER BERNOIS

2ᵉ groupe, section III, chiens de bouvier suisses.

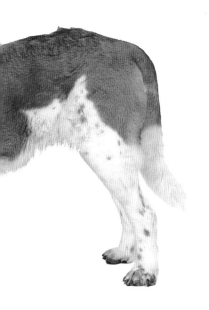

Ce chien, qui tire son nom du canton de Berne, en Suisse, est probablement issu des Molosses de la Grèce et de la Rome antiques.

POIL Épais et droit ou légèrement ondulé et naturellement brillant.

ROBES Noir de jais avec marques feu intenses ; marques blanches sur la tête, le poitrail, les pieds et parfois le bout de la queue.

PRINCIPAUX TRAITS Tête robuste au crâne plat ; corps compact ; queue touffue.

MENSURATIONS Mâles, de 64 à 70 cm ; femelles, de 58 à 66 cm. De 35 à 40 kg.

SOINS Il lui faut beaucoup d'espace et d'exercice. Son poil nécessite des brossages réguliers.

COMPORTEMENT Chien calme et doux faisant un bon et loyal compagnon.

DOBERMANN

2e groupe, section I,
chiens de type Pinscher.

Le Dobermann fut développé vers 1880 en **Allemagne, à partir du Pinscher allemand, du Rottweiler, du Terrier de Manchester et probablement aussi du Pointer.**

POIL Court, lisse, épais et serré.
ROBES Noire, marron foncé ou bleue avec des marques feu.
PRINCIPAUX TRAITS Yeux en amande ; petites oreilles attachées haut, coupées en pointe selon le standard ; encolure arquée ; corps carré ; queue coupée à la seconde vertèbre.
MENSURATIONS Mâles, de 65 à 70 cm ; femelles, de 63 à 67 cm. De 20 à 26 kg.
SOINS Doit être dressé et contrôlé par un maître expérimenté ; réclame beaucoup d'exercice.
COMPORTEMENT Toujours en alerte, il sait maintenir les étrangers à distance de ses maîtres, auxquels il est très dévoué.

BERGER ALLEMAND

1er groupe, section I,
chiens de berger.

On dit de ce chien si populaire qu'il pourrait **être le descendant des loups de l'âge du bronze. La race, dans sa forme actuelle, fut présentée pour la première fois en 1882 à Hanovre.**

POIL Poil court le plus répandu, droit, dur et plaqué. Sous-poil épais.
ROBES Fauve très charbonné ou à large selle noire d'extension variable, avec parfois du gris. Masque sombre souhaité.
PRINCIPAUX TRAITS Yeux et oreilles de taille moyenne ; encolure relativement longue ; dos droit ; arrière-train puissant, large et bien musclé, longue queue touffue.
MENSURATIONS Mâles, de 60 à 65 cm ; femelles, de 55 à 60 cm. 32 kg environ.
SOINS Il apprécie un vigoureux brossage quotidien et beaucoup d'exercice.
COMPORTEMENT Intelligent, puissant et agile ; excellent chien de travail ou d'obéissance.

DOGUE ALLEMAND

2ᵉ groupe, section II,
chiens Molossoïdes de type Dogue.

ROTTWEILER

2ᵉ groupe, section II,
chiens Molossoïdes de type Dogue.

Appelé aussi Danois, il était employé au Moyen Âge pour la chasse au gros gibier. Ses racines plongeraient parmi les antiques Molosses.

POIL Court, dense et luisant.

ROBES Fauve à masque noir, bringée de noir sur fond or et masque noir, bleu acier, noir de jais ou arlequin (ci-dessus).

PRINCIPAUX TRAITS Grandes narines très ouvertes ; yeux assez profonds ; oreilles triangulaires traditionnellement coupées en pointe ; poitrail très profond ; queue longue, épaisse à la base et s'effilant vers l'extrémité.

MENSURATIONS Mâles, 80 cm minimum ; femelles, 72 cm minimum. De 50 à 70 kg.

SOINS Malgré sa taille, c'est un chien d'intérieur qui doit pouvoir prendre un exercice fréquent et régulier et nécessite un brossage quotidien.

COMPORTEMENT Pacifique et joueur, il n'est pas difficile à éduquer.

À l'origine chien de chasse au sanglier et de protection des troupeaux, il a démontré, depuis la Première Guerre mondiale, ses talents de chien policier et de garde.

POIL De longueur moyenne, dur et serré ; sous-poil sur l'encolure et les cuisses.

ROBES Noire, avec taches feu ou brunes nettement marquées.

PRINCIPAUX TRAITS Crâne large entre les oreilles ; yeux en amande ; encolure puissante ; poitrail large et profond ; queue écourtée à la première vertèbre et généralement portée à l'horizontale.

MENSURATIONS Mâles, de 60 à 68 cm ; femelles, de 55 à 63 cm. Environ 50 kg.

SOINS Requiert beaucoup d'espace et d'exercice ; brossage quotidien avec une brosse dure.

COMPORTEMENT Compagnon fidèle et courageux, très bon gardien, qui nécessite une prise en main douce mais ferme dès son plus jeune âge.

PULI

1er groupe, section I,
chiens de berger.

SIBERIAN HUSKY

5e groupe, section I,
chiens de type Spitz nordiques.

Le Puli serait le descendant des chiens de berger introduits en Hongrie par les Magyars il y a plus de 1 000 ans.

POIL Dense et isolant. Poil de garde ondulé ou bouclé ; sous-poil doux et laineux.
ROBES Noire, noir-rouille, blanche et différentes nuances de gris ou d'abricot.
PRINCIPAUX TRAITS Petite tête fine au crâne légèrement bombé ; petites oreilles pendantes attachées légèrement sous le sommet du crâne ; garrot robuste un peu plus haut que le dos ; queue de longueur moyenne enroulée sur le rein.
MENSURATIONS Mâles, de 40 à 44 cm et de 13 à 15 kg ; femelles, de 37 à 41 cm et de 10 à 13 kg.
SOINS Les cordes du pelage doivent être séparées à la main, brossées et peignées.
COMPORTEMENT Fidèle, obéissant et intelligent, le Puli peut montrer beaucoup de réserve avec les personnes étrangères.

D'une beauté, d'une puissance et d'une vigueur exceptionnelles, le Siberian Husky compte parmi ses ancêtres le Chien Chukchi.

POIL De longueur moyenne, touffu.
ROBES Toutes colorations, les grises ou noires marquées de blanc étant les plus fréquentes.
PRINCIPAUX TRAITS Tête de taille moyenne par rapport au corps ; yeux en amande ; oreilles de taille moyenne ; encolure arquée ; corps puissant avec dos droit ; queue fournie portée gracieusement enroulée sur le rein, sauf au repos.
MENSURATIONS Mâles, de 54 à 60 cm et de 20 à 27 kg ; femelles, de 51 à 56 cm et de 17,75 à 22,5 kg.
SOINS Excellent chien de compagnie à condition de lui fournir du travail, beaucoup d'espace et d'exercice.
COMPORTEMENT Intelligent, fiable et amical, il est facile à éduquer.

SAMOYÈDE

5e groupe, section I, chiens de type Spitz nordiques.

Introduit en Europe durant les années 1880, ce superbe Spitz venu de Sibérie fut utilisé pour sa très grande endurance dans les expéditions polaires des temps héroïques.

POIL Rude mais non raide, droit, avec sous-poil court, épais et doux.

ROBES Blanc pur, blanche avec taches sable ou crème. Poils de garde à l'extrémité argentée.

PRINCIPAUX TRAITS Tête large ; yeux sombres en amande ; oreilles épaisses, pas trop larges et légèrement arrondies au sommet ; dos de longueur moyenne ; longue queue à fourrure abondante, portée recourbée sur le dos.

MENSURATIONS Mâles, de 54 à 60 cm et de 20 à 30 kg ; femelles, de 50 à 56 cm et de 17 à 25 kg.

SOINS Son poil épais et imperméable doit être brossé et peigné régulièrement.

COMPORTEMENT Dévoué et doux avec les enfants, c'est un compagnon obéissant, qui aime se dépenser.

COCKER AMÉRICAIN

8ᵉ groupe, section III, chiens d'eau.

C'est l'une des races les plus représentées aux États-Unis, dont la lignée remonte à une chienne importée de Grande-Bretagne durant les années 1880.

Poil Court et fin sur la tête, de longueur moyenne sur le corps avec sous-poil protecteur.

Robes Toutes colorations unies ou mélangées. Noire, noir de jais, noir et feu ou brun et feu avec marques feu bien délimitées, tricolore ou particolore.

Principaux traits Crâne haut et arrondi ; yeux pleins regardant droit devant ; dos en pente légère depuis les épaules jusqu'à la queue ; queue écourtée caractéristique.

Mensurations Mâles, de 37 à 40 cm ; femelles, de 34 à 37 cm. De 10 à 13 kg.

Soins La robe doit être brossée et peignée régulièrement ; en concours, elle doit subir un toilettage assez complexe.

Comportement Très doué pour la chasse, c'est aussi un excellent chien de concours et un bon compagnon.

CLUMBER SPANIEL

8e groupe, section II, chiens leveurs de gibier ou broussailleurs.

Le Clumber Spaniel, le plus lourd de tous les **Spaniels, compte parmi ses ancêtres le Basset Hound et une race de Spaniel alpin aujourd'hui éteinte. Favori de la famille royale britannique, il est plus lent sur le terrain que les races à l'ossature plus légère, mais n'en est pas moins bon chien de chasse, excellent leveur de gibier et bon retriever.**

Poil Abondant, soyeux, frangé aux pattes et au poitrail.

Robes Blanc pur avec quelques marques jaune clair de préférence ; marques fauve clair légères sur la tête et museau moucheté.

Principaux traits Tête carrée et massive de longueur moyenne ; yeux ambre foncé un peu enfoncés ; grandes oreilles pendantes en feuille de vigne ; corps long, lourd et près du sol ; poitrail profond ; queue implantée bas et bien fournie.

Mensurations Mâles, 48 cm environ et 34 kg environ ; femelles, 46 cm environ et 29,5 kg environ.

Soins Son poil nécessite des brossages assez fréquents ; s'assurer que de la boue ne vienne pas se loger entre les doigts.

Comportement Son bon caractère en fait un agréable chien de compagnie ; cependant, il est mieux adapté au rôle de chien de chasse.

FIELD SPANIEL

8ᵉ groupe, section II,
chiens leveurs de gibier ou broussailleurs.

C'est en quelque sorte une version plus grande du Cocker Anglais dont il partage les origines.

POIL Long, plat, brillant et non bouclé ; de texture soyeuse.

ROBES Noire, marron foie ou rouanne avec marques feu ; les noirs trop clairs, blancs ou marron foie et blanc ne sont pas admis.

PRINCIPAUX TRAITS La tête traduit son haut lignage ; yeux largement ouverts ; oreilles larges, pendantes et de longueur moyenne ; poitrail profond ; queue implantée bas et en général écourtée.

MENSURATIONS Mâles, 46 cm environ ; femelles, 45 cm environ. De 18 à 25 kg.

SOINS Il aime se dépenser beaucoup et doit être brossé et peigné tous les jours pour que son poil ne s'emmêle pas.

COMPORTEMENT Amical et raisonnable.

SUSSEX SPANIEL

8ᵉ groupe, section II,
chiens leveurs de gibier ou broussailleurs.

Comptant parmi les Spaniels les plus rares, la race est pourtant connue dans le sud de l'Angleterre depuis près de deux siècles.

POIL Abondant et plaqué ; sous-poil ample, isolant et protecteur.

ROBES Coloration marron foie vif et poils dorés à l'extrémité, la nuance dorée étant prédominante. Marron foie foncé ou puce indésirables.

PRINCIPAUX TRAITS Tête large, légèrement arrondie entre les oreilles ; yeux noisette d'expression douce ; oreilles pendantes ; poitrail profond et bien développé ; queue implantée bas, jamais relevée au-dessus du dos.

MENSURATIONS De 38 à 41 cm et 22 kg environ.

SOINS Un brossage et peignage quotidiens.

COMPORTEMENT Fidèle et facile à dresser, c'est un chien de travail au nez fin qui donne de la voix lorsqu'il a trouvé son gibier.

SPRINGER ANGLAIS

8ᵉ groupe, section II,
chiens leveurs de gibier ou broussailleurs.

SPRINGER GALLOIS

8ᵉ groupe, section II,
chiens leveurs de gibier ou broussailleurs.

Avec le Clumber, le Springer est l'un des plus anciens Spaniels anglais. Il est le père de nombre de Spaniels actuels. Son rôle premier est de lever le gibier et de le faire jaillir du couvert – ce que les Anglais appellent *springing*, d'où son nom.

POIL Plaqué, droit et à l'épreuve des intempéries ; jamais rude.

ROBES Marron, foie et blanc ou noir et blanc, parfois avec marques feu.

PRINCIPAUX TRAITS Crâne de longueur moyenne ; yeux de taille moyenne ; longues oreilles larges et pendantes ; corps puissant ; queue implantée bas, jamais portée plus haut que le niveau du dos.

MENSURATIONS Mâles, 50 cm environ ; femelles, 48 cm environ. Environ 22,5 kg.

SOINS Il a besoin de beaucoup d'exercice et d'un brossage quotidien. Surveiller ses pattes et éliminer la terre qui se glisse entre ses doigts.

COMPORTEMENT Intelligent et fidèle, il fera un excellent chien de chasse et de compagnie.

Le Springer Gallois, ou du moins son ancêtre, est mentionné dans les premières Lois du pays de Galles qui remontent aux environs de l'an 1300. Il est possible que ce Spaniel roux et blanc résulte d'un croisement entre le Springer Anglais et le Clumber Spaniel.

POIL Droit et plaqué de texture soyeuse ; franges sur le poitrail, sous le corps et le long des membres.

ROBES Roux vif et blanc uniquement.

PRINCIPAUX TRAITS Crâne légèrement bombé ; yeux de taille moyenne, noisette ou brun foncé ; oreilles attachées assez bas ; corps robuste et musculeux ; queue robuste à implantation basse.

MENSURATIONS Mâles, de 45 à 48 cm ; femelles, de 43 à 47 cm. De 17,75 à 20,25 kg.

SOINS Doit être brossé chaque jour et débarrassé de la boue logée entre ses doigts et dans ses oreilles.

COMPORTEMENT Fidèle, courageux et amical, il a un flair excellent et se révèle bon nageur.

RETRIEVER À POIL PLAT

8e groupe, section I,
chiens rapporteurs de gibier.

Cette race anglaise a probablement été développée à partir de Labradors et de Spaniels.

POIL Dense, de texture fine à moyenne, mi-long et plaqué.

ROBES Unie, noire ou marron foie.

PRINCIPAUX TRAITS Longue tête aux lignes pures ; yeux de taille moyenne ; petites oreilles bien attachées ; poitrail profond et corps robuste ; queue courte, droite et bien implantée.

MENSURATIONS Mâles, de 58 à 61 cm et de 27 à 36 kg ; femelles de 56 à 59 cm et de 25 à 32 kg.

SOINS Peut être installé dehors en chenil. Il doit pouvoir se dépenser beaucoup et nécessite un brossage quotidien.

COMPORTEMENT Intelligent, fidèle et affectueux.

LABRADOR

8e groupe, section I,
chiens rapporteurs de gibier.

Le Labrador est arrivé en Grande-Bretagne dans les années 1830 en provenance de Terre-Neuve, où les pêcheurs l'utilisaient pour ramener leurs filets. Il assure aujourd'hui indifféremment les rôles de chien de compagnie, de chasse, concurrent des expositions ou des épreuves d'obéissance, et excelle dans la fonction de guide d'aveugle.

POIL Court et dense, sans ondulations ni franges ; sous-poil imperméable.

ROBES Unie, noire, brun-jaune ou foie ; les robes jaunes varient du crème clair au roux.

PRINCIPAUX TRAITS Large tête au stop marqué ; yeux de taille moyenne ; oreilles pendantes ni trop grandes ni trop lourdes ; poitrail plutôt large et profond ; queue « de loutre » caractéristique.

MENSURATIONS Mâles, 56,5 cm environ ; femelles, 53 cm environ. De 25 à 30 kg.

SOINS Doit beaucoup se dépenser pour éviter l'obésité. Nécessite des brossages réguliers.

COMPORTEMENT Exubérant dans sa prime jeunesse mais facile à éduquer, sensible et affectueux.

GOLDEN RETRIEVER

8ᵉ groupe, section I, chiens rapporteurs de gibier.

La race est sans doute issue d'une souche croisée de retrievers et de Spaniels. Une autre hypothèse avance que ses ancêtres seraient une troupe de huit chiens de berger russes s'étant illustrés dans un numéro de cirque.

POIL Plat ou ondulé, avec franges bien développées ; sous-poil imperméable.

ROBES Toutes nuances dorées ou crème ; quelques poils blancs admis sur le poitrail.

PRINCIPAUX TRAITS Tête équilibrée et joliment ciselée ; yeux brun foncé ; oreilles de taille moyenne ; corps bien équilibré au poitrail profond ; queue implantée et portée dans le prolongement du dos.

MENSURATIONS Mâles, de 56 à 61 cm et de 29 à 31,5 kg ; femelles de 51 à 56 cm et de 25 à 27 kg.

SOINS Il faut lui donner l'occasion de se dépenser beaucoup et le brosser régulièrement.

COMPORTEMENT Excellent chien de chasse, très doux avec les enfants et d'un comportement sain.

SETTER IRLANDAIS ROUGE

7ᵉ groupe, section II, chiens d'arrêt des îles Britanniques.

Le Setter Irlandais est né de croisements entre le Chien d'Eau Irlandais, le Braque Espagnol et les Setters Anglais et Gordon. Bien qu'originaire d'Irlande, il gagna l'Angleterre victorienne où sa rapidité et son énergie en firent le chien de chasse idéal des vastes milieux ouverts.

POIL Court et fin sur la tête, le devant des pattes et l'extrémité des oreilles ; mi-long sur le reste du corps, libre et plutôt droit ; longues franges.

ROBES Fauve rouge intense uni, sans traces de noir. Quelques marques blanches admises sur le poitrail, la gorge, le menton ou les doigts, ou en petite étoile sur le front, ou en raies étroites sur le museau.

PRINCIPAUX TRAITS Tête longue et fine ; yeux noisette foncé à brun foncé ; oreilles de taille moyenne ; poitrail profond mais plutôt étroit ; queue de longueur moyenne par rapport au corps.

MENSURATIONS Mâles, de 57 à 70 cm ; femelles, de 54 à 67 cm. De 20 à 25 kg.

SOINS Requiert énormément d'exercice et un brossage quotidien.

COMPORTEMENT Adorable et débordant d'énergie, il a trop bon caractère pour faire un bon chien de garde.

CHIEN D'EAU IRLANDAIS

8e groupe, section III, chiens d'eau.

Des indices témoignent de l'existence des Chiens d'Eau dès l'an 17 et les Spaniels d'Eau sont connus en Irlande depuis plus d'un millénaire. Mais le Chien d'Eau Irlandais, géant du groupe des Spaniels, est probablement issu de croisements entre Caniches et Retrievers à poil bouclé. On distingua jusqu'en 1859 deux souches distinctes, l'une du nord de l'Irlande, l'autre du sud. C'est la seconde, ressemblant au Caniche moyen, qui semble avoir constitué la base de la race moderne.

POIL Boucles denses et serrées sur l'encolure, le corps et la base de la queue ; plus longues et plus larges sur les membres et le dessus de la tête ; queue, face et derrière des pattes sous les jarrets nus.

ROBES Marron foie foncé et intense.

PRINCIPAUX TRAITS Tête de bonne taille, crâne haut et arrondi ; petits yeux en amande ; longues oreilles ovales et pendantes ; longue encolure arquée ; poitrail profond ; queue courte.

MENSURATIONS Mâles, de 53 à 58 cm ; femelles de 51 à 56 cm. De 22 à 26 kg.

SOINS Peu contraignant ; entretien au peigne métallique au moins une fois par semaine ; tailler autour des pieds et supprimer les bourres régulièrement.

COMPORTEMENT Brave, adorable et intelligent, il a un très bon flair et sait quêter et travailler comme ses cousins Spaniels. Très bon nageur, il excelle dans l'art de rapporter le gibier d'eau.

SETTER ANGLAIS

7ᵉ groupe, section II,
chiens d'arrêt des îles Britanniques.

SETTER GORDON

7ᵉ groupe, section II,
chiens d'arrêt des îles Britanniques.

C'est le plus ancien et le plus caractéristique des Setters, qui doivent leur nom à leur habitude de se plaquer au sol – « set » en anglais – lorsqu'ils ont localisé un gibier.

POIL Plutôt long, droit, fourni et soyeux.

ROBES Noir et blanc (bleu belton), orange et blanc (orange belton), citron et blanc (citron belton), marron foie et blanc (foie belton), ou tricolores (bleu belton et feu ou foie belton et feu).

PRINCIPAUX TRAITS Tête fine à l'expression noble ; oreilles attachées assez bas ; dos court, droit et bien musclé ; garrot élevé ; queue frangée, dans le prolongement du dos.

MENSURATIONS Mâles, de 56 à 62 cm ; femelles, de 53 à 58 cm. De 25 à 30 kg.

SOINS Un entretien quotidien avec brosse dure et peigne métallique ; réclame beaucoup d'exercice.

COMPORTEMENT Fidèle et affectueux.

Seule race de chien de chasse existant en Écosse, elle fut créée dans les années 1770 par le duc de Richmond et de Gordon, qui lui apporta, entre autres, du sang de Saint-Hubert et de Colley.

POIL Court et fin sur la tête, le devant des membres et l'extrémité des oreilles ; mi-long sur le reste du corps, plat et non bouclé.

ROBES Noir charbon brillant, dépourvu de rouille, avec marques feu lustrées.

PRINCIPAUX TRAITS Tête haute plus que large ; yeux brun foncé ; oreilles de taille moyenne ; queue droite ou légèrement recourbée, pas trop longue.

MENSURATIONS Mâles, 66 cm environ et 29,5 kg environ ; femelles, 62 cm environ et 25 kg environ.

SOINS Doit pouvoir beaucoup se dépenser. Sa robe sera brossée quotidiennement.

COMPORTEMENT Facile, calme et docile, c'est un chien de chasse méthodique et infatigable.

POINTER

7ᵉ groupe, section II,
chiens d'arrêt des îles Britanniques.

Le Pointer est renommé pour sa posture classique en arrêt, le museau et la queue alignés en direction du gibier. Les premiers chiens d'arrêt de ce type apparurent en Europe au XVIIᵉ siècle.

POIL Court, dense et lisse.

ROBES Citron et blanc, orange et blanc, marron foie et blanc, noir et blanc ; robes unies et tricolores également autorisées.

PRINCIPAUX TRAITS Tête de longueur moyenne au stop très marqué ; yeux ronds et sombres ; oreilles attachées au même niveau que les yeux ; épaules fines et inclinées ; poitrail profond ; queue s'effilant vers la pointe.

MENSURATIONS Mâles, de 63 à 69 cm ; femelles, de 61 à 66 cm. De 20 à 30 kg.

SOINS Doit prendre beaucoup d'exercice et être brossé régulièrement.

COMPORTEMENT Chien affectueux et obéissant, facile à dresser et doux avec les enfants.

BRAQUE DE WEIMAR

7ᵉ groupe, section I,
chiens d'arrêt continentaux.

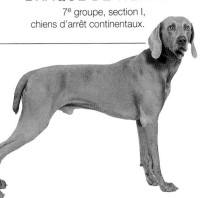

Surnommé « Fantôme d'argent », on dit du Braque de Weimar qu'il fut développé au XIXᵉ siècle par le grand-duc Charles-Auguste de Weimar.

POIL Court, lisse et luisant.

ROBES Gris argenté de préférence ; gris souris ou gris chevreuil également admis.

PRINCIPAUX TRAITS Tête moyennement allongée et à l'expression noble ; yeux de taille moyenne ; longues oreilles ; poitrail profond et corps modérément long ; queue écourtée caractéristique.

MENSURATIONS Mâles, de 59 à 70 cm ; femelles, de 57 à 65 cm. De 32 à 38 kg.

SOINS Son poil demande peu d'entretien mais l'espace et l'exercice très fréquent lui sont indispensables.

COMPORTEMENT Intelligent et de bonne nature ; préfère la vie d'intérieur au chenil.

Le Braque Allemand à poil court, ou Kurzhaar, est le chien d'arrêt le plus utilisé au monde par les chasseurs.

BRAQUE ALLEMAND

7ᵉ groupe, section I,
chiens d'arrêt continentaux.

Le Braque Allemand à poil court, de lointaine origine espagnole, descend probablement d'un croisement entre le vieux Braque Espagnol et un chien courant. On pense que du sang de Foxhound aurait également été ajouté. Il en résulte un parfait auxiliaire de chasse, capable aussi bien de traquer le gibier que de marquer l'arrêt. La race a été développée en Allemagne depuis une centaine d'années.

POIL – *À poil court :* court et plaqué, rude au toucher. – *Drahthaar :* épais et dur, avec sous-poil dense.

ROBES – *À poil court :* marron foie uni, marron foie tacheté et moucheté de blanc, marron foie moucheté de blanc ; mêmes variations sur la base du noir ; pas de tricolores. – *Drahthaar :* toutes nuances de brun clair à foncé admises, unies, tachetées ou mouchetées de blanc, ou rouannées.

PRINCIPAUX TRAITS – *À poil court :* tête large aux lignes nettes et crâne légèrement bombé ; yeux de taille moyenne ; oreilles larges attachées haut ; le poitrail doit paraître profond plutôt que large, mais proportionné au reste du corps ; queue implantée haut et épaisse à la base, s'effilant graduellement vers l'extrémité. – *Drahthaar :* tête large proportionnée au corps ; crâne légèrement bombé ; yeux ovales de taille moyenne ; oreilles moyennes, en triangle, à l'extrémité un peu arrondie, pendantes et attachées haut ; le poitrail doit apparaître profond plutôt que large, mais proportionné au reste du corps ; queue implantée haut et épaisse à la base, s'effilant graduellement vers l'extrémité.

MENSURATIONS – *À poil court :* mâles, de 62 à 66 cm ; femelles, de 58 à 63 cm. De 25 à 32 kg. – *Drahthaar :* mâles, de 60 à 67 cm ; femelles, de 56 à 62 cm. De 27 à 32 kg.

À l'exception de son poil rude caractéristique, le Drahthaar (à droite) est très semblable au Braque Allemand à poil court, qui contribua à son élaboration.

SOINS Si l'entretien de leur poil n'est guère contraignant, tous deux réclament, en revanche, une quantité considérable d'exercice.

COMPORTEMENT Le Braque Allemand à poil court est facile à éduquer et doux avec les enfants, tandis que le Drahthaar, qui risque de montrer une certaine agressivité, sera plus à sa place en chenil, dans le seul rôle de chien de chasse.

BRAQUE HONGROIS À POIL COURT

7e groupe, section I, chiens d'arrêt continentaux.

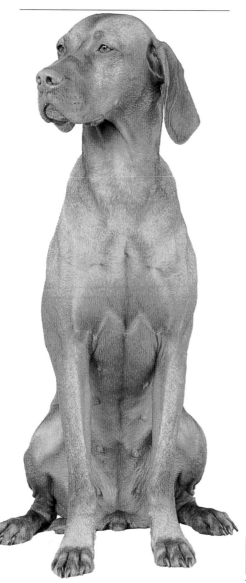

Le Braque Hongrois (ou Vizsla) à poil court est le chien d'arrêt national de Hongrie. Il fut élevé pour résister aux températures extrêmes qui règnent dans la Puzsta, la grande plaine hongroise. Il est probable que le Braque de Weimar, avec lequel il présente de fortes similitudes, ait joué un rôle dans sa lignée, ainsi que des chiens d'arrêt de Transylvanie. Il en existe une variété à poil dur, beaucoup plus rare, mais préférée dans son pays natal pour le travail dans l'eau. La race ne commença à se répandre en Europe qu'après la Seconde Guerre mondiale.

POIL Court, dense, droit et très plaqué.

ROBES Roux doré uni ; de petites marques blanches sur le poitrail et les pieds sont admises.

PRINCIPAUX TRAITS Tête fine, élégante, avec un long museau ; oreilles longues et minces, attachées assez bas ; dos court, droit, très musclé ; poitrail profond avec sternum proéminent ; queue d'épaisseur moyenne, portée bas et écourtée aux deux tiers.

MENSURATIONS Mâles, de 56 à 65 cm ; femelles, de 52 à 61 cm. De 22 à 30 kg.

SOINS Il lui faut beaucoup d'exercice et des brossages réguliers.

COMPORTEMENT Chien de chasse complet et facile à dresser, il se révèle également un compagnon de classe, doux et attentionné avec les enfants.

SPINONE

7ᵉ groupe, section I,
chiens d'arrêt continentaux.

Nouveau venu dans les expositions et les concours canins internationaux, le Spinone est pourtant une race ancienne. Les opinions diffèrent sur ses origines, quant à savoir s'il est issu de chiens de type Braque, du Chien courant italien à poil dur (Segugio) ou d'un croisement avec des griffons. D'autres encore avancent que ce chasseur puissant et polyvalent viendrait de France, d'où il serait parvenu dans le Piémont, en Italie, et que les griffons français, le Braque Allemand, le Porcelaine, le Barbet et le Korthals auraient contribué à son évolution. À moins que le Spinone ne soit le résultat d'un accouplement entre un Braque à poil dur et un type Mastiff blanc.

POIL Rude, épais et assez dur, avec sous-poil dense.

ROBES Blanche ; blanc avec marques orange ; blanc moucheté d'orange ; blanc avec marques brunes ; blanc moucheté de brun (rouan brun), avec ou sans marques brunes.

PRINCIPAUX TRAITS Yeux expressifs, variant du jaune à l'ocre ; longues oreilles triangulaires pendantes ; dos robuste ; corps de longueur égale à sa hauteur au garrot ; queue épaisse à la base, portée horizontalement.

MENSURATIONS Mâles, de 60 à 70 cm et de 32 à 37 kg ; femelles, de 58 à 65 cm et de 28 à 32 kg.

SOINS Bon nageur, il lui faut beaucoup d'exercice pour libérer son énergie et se montre mieux adapté à la vie campagnarde.

COMPORTEMENT Affectueux, agréable et fidèle, le Spinone sait marquer l'arrêt et rapporter le gibier intact.

CHIEN DE LOUTRE

6ᵉ groupe, section I, chiens courants.

Ce chien imposant et robuste a été créé pour la chasse à la loutre, probablement à partir de griffons et d'autres chiens de chasse.

POIL Long, dense, rude et rêche mais non trop dur.

ROBES Sable uni ou charbonné, ou avec selle noire.

PRINCIPAUX TRAITS Tête ciselée très imposante ; yeux intelligents ; longues oreilles pendantes attachées au niveau du coin de l'œil ; poitrail profond, avec cage thoracique assez profonde et bien suspendue ; queue implantée haut, portée haut en alerte ou en mouvement.

MENSURATIONS Mâles, de 60 à 65 cm ; femelles un peu plus petites. Environ 32 kg.

SOINS Ce chien a besoin d'énormément d'exercice et sera à l'aise dehors en chenil. Son poil se contentera d'un brossage par semaine et d'un bain si nécessaire.

COMPORTEMENT Amical, quoique têtu, il peut se révéler destructeur à la maison s'il n'a pas appris la discipline.

BEAGLE

6e groupe, section I,
chiens courants.

Le Beagle existe en Grande-Bretagne au moins depuis le règne du roi Henri VIII (1509-1547). Surnommé *Singing Beagle* (Beagle chanteur) pour ses aboiements mélodieux, il sait pourtant rester silencieux à la maison, réservant sa voix pour la chasse.

POIL Court, dense et isolant.

ROBES Toutes les colorations des chiens courants admises, autres que marron foie.

PRINCIPAUX TRAITS Tête assez longue et robuste sans être grossière ; yeux noisette ou brun foncé ; longues et larges oreilles tombantes et plates ; dos droit ; queue forte de longueur moyenne.

MENSURATIONS De 33 à 41 cm et 17 kg environ.

SOINS Son poil ne réclame pas ou peu d'entretien et une quantité moyenne d'exercice lui suffit.

COMPORTEMENT Affectueux et doux mais déterminé, il n'est guère réputé pour son obéissance, profitant du moindre portail ouvert pour aller vagabonder.

WHIPPET

10e groupe, section C, Lévriers à poil court et oreilles couchées ou tombantes.

Le Whippet, créé en Grande-Bretagne il y a environ un siècle, compte parmi les races les plus rapides du monde, atteignant des vitesses de pointe de près de 60 km/h.

POIL Court, fin et serré.

ROBES Toutes couleurs et tous mélanges de couleurs admis.

PRINCIPAUX TRAITS Longue tête mince ; yeux ovales et brillants à l'expression très alerte ; oreilles portées en rose ; poitrail très profond avec cage thoracique très développée ; longue queue effilée, non frangée.

MENSURATIONS Mâles, de 47 à 51 cm ; femelles, de 44 à 47 cm. Environ 10 kg.

SOINS Ce chien est fait pour vivre à l'intérieur mais doit prendre beaucoup d'exercice. Son poil nécessite seulement un brossage et un pansage occasionnels.

COMPORTEMENT Affectueux et doux.

WOLFHOUND
OU LÉVRIER IRLANDAIS
10ᵉ groupe, section B, Lévriers à poil dur.

Race très populaire, âgée de plus de 2 000 ans, le Wolfhound est le plus grand chien du monde.

POIL Rude et dur.

ROBES Grise, gris acier bringée, rouge, noire, blanc pur, fauve pâle à fauve roux.

PRINCIPAUX TRAITS Longue tête robuste, portée haut ; yeux foncés, petites oreilles portées en rose ; poitrail très profond ; longue queue portée légèrement recourbée.

MENSURATIONS Mâles, 79 cm au minimum et 54 kg au minimum ; femelles 71 cm au minimum et 41 kg au minimum.

SOINS Il ne nécessite pas plus de dépense physique que les races moyennes et peut être installé à la maison.

COMPORTEMENT Calme, doux et amical.

BASSET HOUND
6ᵉ groupe, section I, chiens courants.

Cette race fut développée en Grande-Bretagne dans les années 1800 pour chasser sous les couverts épais.

POIL Dur, lisse, court et dense.

ROBES Généralement blanc, noir et feu ou blanc et citron, mais toutes colorations des chiens courants admises.

PRINCIPAUX TRAITS Tête au crâne arrondi et au stop peu marqué ; yeux en losange ; longues oreilles pendantes attachées bas ; corps long et profond ; queue solidement implantée.

MENSURATIONS De 33 à 38 cm et 20 kg environ.

SOINS Nécessite beaucoup d'exercice.

COMPORTEMENT Indépendant, une bonne clôture est nécessaire pour contenir sa tendance au vagabondage.

CHIEN DE SAINT-HUBERT

6e groupe, section I, chiens courants.

Appelé plus simplement **Saint-Hubert. C'est l'une des plus anciennes races de chiens courants. Il est né en France au IXe siècle mais on considère que ses plus lointains ancêtres vivaient en Mésopotamie vers 2000 à 1000 av. J.-C. Le Saint-Hubert possède le flair le plus développé de tous les animaux domestiques et a été employé tant à la recherche de personnes perdues qu'à la traque du gibier.**

POIL Lisse, court et isolant.
ROBES Noir et feu, marron foie et feu ou rouge.

PRINCIPAUX TRAITS Tête étroite par rapport à sa longueur, et longue par rapport au corps ; yeux de taille moyenne ; oreilles minces et tombantes, implantées très bas ; côtes bien suspendues ; queue longue, épaisse, s'effilant en pointe.

MENSURATIONS Mâles, 67 cm environ ; femelles, 60 cm environ. De 40 à 48 kg.

SOINS Actif, il requiert énormément d'exercice. Son poil doit être entretenu tous les jours avec un gant de bouchonnage.

COMPORTEMENT Déterminé, affectueux, vivant, il est fait pour la campagne où ses hurlements de chien de meute seront plus supportables qu'en ville.

TECKELS

Teckel à poil long
(à gauche)

Le Teckel, dont l'existence est connue au moins depuis le XVIᵉ siècle, est sans doute issu des races anciennes de chiens de chasse allemands, tel le Biberhund. Ses représentants sont classés aujourd'hui en trois variétés de tailles – standard, nain et Kaninchen (cette dernière est dite également « de chasse au lapin ») –, chacune apparaissant en trois types de poil : ras, long et dur. Seule existait à l'origine la forme à poil ras, dont les pattes ridées sont une caractéristique rarement observée de nos jours. La forme à poil dur fut produite par l'apport de sang de Schnauzer, de Dandie Dinmont et d'autres races de terriers, tandis que celle à poil long résulte de l'introduction de Stöber allemand dans une souche croisée de Teckels à poil ras et d'Épagneuls.

Teckel à poil dur

POIL – *Poil ras :* dense, très court et lisse. – *Poil long :* souple, droit ou légèrement ondulé. – *Poil dur :* court, droit et rude au toucher, avec long sous-poil.

ROBES – *Poil ras et poil long :* unie (fauve rouge de préférence), bicolore (noire, marron, grise ou blanche avec marques feu) ou arlequin (brune ou gris clair avec taches brun foncé, fauve rouge ou noires). – *Poil dur :* toutes colorations admises.

PRINCIPAUX TRAITS Longue tête de forme conique vue de dessus ; yeux de taille moyenne ; oreilles attachées haut ; long corps musclé ; queue prolongeant l'épine dorsale, portée légèrement courbée.

MENSURATIONS – *Standard :* moins de 9 kg. – *Nain :* moins de 4 kg à 18 mois et tour de poitrine de moins de 35 cm. – *Kaninchen :* moins de 3,5 kg à 18 mois et tour de poitrine de moins de 30 cm.

SOINS La variété à poil ras est facile d'entretien, par bouchonnage quotidien à l'aide d'un gant spécial et lustrage au chiffon doux. Les deux autres variétés doivent être brossées et peignées. Les Teckels sont sujets aux problèmes de dos et il faut les empêcher de sauter pour atteindre ou quitter des positions élevées et veiller à ce qu'ils ne prennent pas trop de poids.

COMPORTEMENT Actif et dévoué, c'est un excellent chien de compagnie, voire de garde, possédant une voix étonnamment forte pour sa taille.

Teckel à poil ras

BARZOÏ

10e groupe, section A, Lévriers à poil long ou frangé.

Utilisé dans la Russie impériale à partir du XVIIe siècle pour la chasse au loup, le Barzoï devait traquer l'animal après l'avoir délogé, mais non le tuer. Sa tâche consistait à saisir le prédateur à la gorge et à le renverser à terre, où il était ensuite achevé par l'homme à l'aide d'une dague. Il existait à l'origine diverses souches de Barzoïs (soudanaise, tartare, etc.) mais c'est une souche développée en Russie qui fournit la base de la race actuelle. Le nom de Barzoï vient du terme russe *borzii* qui signifie rapide.

POIL Plat et soyeux, ondulé ou plutôt bouclé ; jamais laineux.

ROBES Toutes colorations admises.

PRINCIPAUX TRAITS Tête très longue et très mince, proportionnée à la silhouette générale ; yeux sombres à l'expression intelligente et alerte ; petites oreilles pointues ; poitrail profond et étroit ; longue queue.

MENSURATIONS Mâles, de 70 à 82 cm ; femelles, de 65 à 77 cm. De 35 à 45 kg.

SOINS L'animal réclame énormément d'espace et d'exercice mais son poil peu d'entretien.

COMPORTEMENT Réputé pour son intelligence, élégant et fidèle quoiqu'un peu distant. Il vaut mieux l'éloigner du bétail pour éviter de voir resurgir ses instincts de chasseur.

SALUKI

10ᵉ groupe, section A, Lévriers à poil long ou frangé.

Le Saluki, dont les origines remontent à 3000 av. J.-C., tire peut-être son nom de la cité antique de Saluk, au Yémen, ou de la ville de Seleukia, dans l'ancien empire hellénique de Syrie. Très estimé par les Bédouins pour ses talents de chasseur de gazelles, il est recherché dans le reste du monde comme chien de compagnie et d'exposition. On le rencontre aussi sous l'appellation de Lévrier persan.

POIL Lisse et de texture soyeuse.

ROBES Toutes les couleurs et combinaisons de couleurs sont admises.

PRINCIPAUX TRAITS Longue tête étroite ; yeux foncés à noisette ; longues oreilles mobiles, attachées pas trop bas, couvertes de longs poils soyeux ; dos assez large ; bassin à l'ossa-ture large et robuste ; queue implantée bas sur une longue croupe en pente douce.

MENSURATIONS Mâles, de 58 à 71 cm ; femelles un peu plus petites. De 14 à 25 kg.

SOINS Il doit pouvoir courir souvent et beaucoup et son poil sera entretenu quotidiennement à l'aide d'une brosse douce et d'un gant spécial.

COMPORTEMENT Loyal, affectueux et digne de confiance, il faudra tout de même se méfier de ses instincts de chasseur en présence de troupeaux.

LÉVRIER AFGHAN

10ᵉ groupe, section A,
Lévriers à poil long ou frangé.

GREYHOUND

10ᵉ groupe, section C, Lévriers à poil court,
oreilles couchées ou tombantes.

La légende dit que cette race très ancienne faisait partie des animaux recueillis par Noé sur son arche lors du Déluge. Ses ancêtres partirent de Perse (aujourd'hui l'Iran) et parvinrent en Afghanistan où ils développèrent leur longue fourrure afin de résister aux rudesses du climat.

POIL Très long, fin et soyeux.

ROBES Toutes colorations admises.

PRINCIPAUX TRAITS Tête allongée mais pas trop étroite ; yeux foncés de préférence, pouvant être dorés ; oreilles implantées bas et très en arrière ; dos droit, modérément allongé ; queue pas très longue.

MENSURATIONS Mâles, de 69 à 74 cm ; femelles, de 62 à 69 cm. De 25 à 30 kg.

SOINS Son poil s'emmêle vite si on ne lui apporte pas tout l'entretien nécessaire.

COMPORTEMENT Intelligent et quelque peu distant, mais affectueux et généralement doté d'un bon caractère.

On peut penser que le Greyhound est la race canine la plus pure au monde car elle n'a pratiquement pas changé depuis les représentations qu'on a trouvées dans les tombeaux des pharaons égyptiens. Elle aurait été introduite en Grande-Bretagne par les Celtes.

POIL Fin et serré.

ROBES Noire, blanche, rouge, bleue, fauve, fauve bringée, ou bien l'une de ces couleurs entrecoupée de blanc.

PRINCIPAUX TRAITS Tête longue et modérément large ; yeux vifs et intelligents ; petites oreilles portées en rose ; encolure longue et élégante ; poitrail profond et ample ; longue queue implantée plutôt bas.

MENSURATIONS Mâles, de 71 à 76 cm ; femelles, de 68 à 71 cm. Environ 30 kg.

SOINS Nécessite une dose moyenne mais régulière d'exercice et d'un brossage quotidien.

COMPORTEMENT Doux et fidèle.

RHODESIAN RIDGEBACK

8e groupe, section II,
chiens leveurs de gibier ou broussailleurs.

Ce chien, qui doit son nom à l'ex-Rhodésie – aujourd'hui le Zimbabwe –, se distingue par la crête qu'il porte sur le dos, composée de poils poussant en sens inverse du reste de la robe. On l'utilisait jadis en meute pour chasser le lion.

Poil Court, dense, lisse et brillant.
Robes Fauve clair à fauve rouge.
Principaux traits Crâne plat et large entre les oreilles ; yeux arrondis, relativement écartés ; oreilles attachées assez haut ; poitrail très profond mais pas trop large ; queue robuste à la base et s'effilant vers l'extrémité.
Mensurations Mâles, de 63 à 68 cm et environ 34 kg ; femelles, de 61 à 66 cm et environ 30 kg.
Soins Réclame beaucoup d'exercice et son poil un entretien quotidien à l'aide d'un gant spécial.
Comportement Obéissant, doux avec les enfants, il saura protéger ses maîtres au péril de sa vie.

BASENJI

5e groupe, section IV,
chiens de type primitif.

Originaire d'Afrique centrale, son nom exprime son appartenance à la brousse. Il est réputé pour être le chien qui n'aboie pas.

Poil Court, luisant, très fin et serré.
Robes Fauve à fauve foncé avec marques blanches sur le poitrail, les pieds et le bout de la queue ; éventuellement flamme, collier et membres blancs. Les robes blanc et noir ou bien blanc, noir et feu se rencontrent également.
Principaux traits Yeux sombres en amande ; petites oreilles dressées ; corps bien équilibré avec dos court et droit ; queue implantée haut, enroulée en spirale serrée à un ou deux tours sur le dos, près de la cuisse.
Mensurations Mâles, environ 43 cm ; femelles, environ 40 cm. Environ 10 kg.
Soins Un simple bouchonnage quotidien.
Comportement Joueur, affectueux et intelligent.

BULL-TERRIER

3e groupe, section C,
terriers de type Bull.

BULL-TERRIER
DU STAFFORDSHIRE

3e groupe, section C, terriers de type Bull.

**Issu d'un croisement entre le vieux Bulldog
anglais et un terrier, le Bull-Terrier commença sa carrière comme chien de combat.**

POIL Court et plaqué.
ROBES Blanc pur ou bringée ; noire, rouge,
fauve et tricolore admissibles.
PRINCIPAUX TRAITS Tête longue et ovoïde, au
stop inexistant, épaisse jusqu'au bout du
museau ; yeux apparaissant étroits ; oreilles
fines et rapprochées ; queue courte implantée
bas et portée horizontalement.
MENSURATIONS Pas de limites de taille et de
poids définies pour les deux sexes.
SOINS Son poil est d'un entretien facile.
COMPORTEMENT Il fera un animal de compagnie fidèle et dévoué à condition de recevoir
un dressage sans faille de la part d'un maître
expérimenté et à la mesure de sa force. La
femelle fait preuve d'un comportement très
sûr avec les enfants.

**Lui aussi est issu de croisements entre ter-
riers et Bulldog Anglais, du temps où les com-
bats de chien étaient à la mode en Angleterre.**

POIL Court, dense et lisse.
ROBES Rouge, fauve, blanche, noire ou bleue,
ou bien l'une de ces couleurs associée au
blanc ; bringée de toute nuance, avec ou sans
blanc associé.
PRINCIPAUX TRAITS Tête courte au crâne large ;
yeux sombres de préférence ; oreilles en rose
ou semi-dressées ; corps ramassé ; queue de
longueur moyenne.
MENSURATIONS De 35,5 à 40,5 cm et de 11 à
17 kg.
SOINS Facile d'entretien, il ne réclame que
des brossages réguliers.
COMPORTEMENT Affectueux et bon compagnon de jeu pour les enfants.

AIREDALE-TERRIER

3e groupe, section A,
terriers de grande et moyenne tailles.

L'Airedale, l'un des plus grands terriers, fut créé par croisement entre un terrier de travail et, probablement, le Chien de loutre. Ratier expert, il peut aussi être dressé pour la chasse à tir.

Poil Rude, dense et dur.
Robes Selle, dessus du cou et face supérieure de la queue noirs ou gris ; toutes les autres parties du corps feu.
Principaux traits Long crâne plat ; petits yeux sombres ; oreilles en V ; poitrail profond ; dos court, droit et puissant ; queue implantée haut, traditionnellement écourtée.
Mensurations Mâles, de 58 à 64 cm ; femelles, de 56 à 61 cm. Environ 20 kg.
Soins Nécessite beaucoup d'exercice. Tailler le poil deux fois par an en vue des concours.
Comportement Extrêmement loyal, doux avec les enfants et excellent chien de garde.

BEDLINGTON-TERRIER

3e groupe, section A,
terriers de grande et moyenne tailles.

Malgré ses allures d'agneau, ce terrier, qui pourrait compter le Whippet et le Greyhound parmi ses ancêtres, fut jadis le compagnon attitré des braconniers.

Poil Épais et pelucheux.
Robes Bleue, marron foie ou sable, avec ou sans marques feu.
Principaux traits Crâne étroit ; yeux profonds, petits et brillants ; oreilles de taille moyenne, en amande ; corps musculeux ; queue mi-longue, s'effilant en pointe.
Mensurations Mâles, de 39 à 43 cm ; femelles, de 38 à 42 cm. De 8 à 10 kg.
Soins Le poil doit être taillé régulièrement et entretenu à la brosse dure le reste du temps.
Comportement Adorable, plein de vie, assez facile à éduquer si l'on tient compte de son caractère affirmé.

FOX-TERRIERS

3e groupe, section A, terriers de grande et moyenne tailles.

Fox-Terrier à poil lisse

Le Fox-Terrier à poil lisse a commencé sa vie comme chien d'étable dont le rôle consistait à chasser la vermine. Il descend probablement de vieux terriers des régions anglaises du Cheshire et du Shropshire, auxquels fut ajouté du sang de Beagle. Le Fox-Terrier à poil dur, grand chasseur de lapins, est né quant à lui dans les régions minières de Durham et du Derbyshire, en Angleterre et au pays de Galles. Les deux variétés se sont

taillé une réputation de chasseurs de renards, qu'elles savent débusquer avec une redoutable efficacité. Pendant de nombreuses années, elles furent élevées conjointement, sans vraiment tenir compte de leurs différences de poil, tant il est vrai que leurs conformations sont semblables. C'est en 1876 que le standard du Fox-Terrier à poil lisse fut fixé pour la première fois, mais il reste plus rare que son « cousin » à poil dur.

Fox-Terrier à poil dur

POIL – *À poil lisse :* droit, plaqué et lisse. – *À poil dur :* dense et très dur.

ROBES – *À poil lisse :* entièrement blanche ; blanc dominant avec marques feu ou noires. Marques bringées, rouges ou marron foie indésirables.

– *À poil dur :* blanc dominant avec marques noires ou feu. Marques bringées, rouges, marron foie ou bleu ardoisé indésirables.

PRINCIPAUX TRAITS – *À poil lisse :* crâne plat assez étroit ; petits yeux sombres assez profonds ; petites oreilles en V retombant vers les joues ; poitrail profond mais non large ; queue traditionnellement écourtée.

– *À poil dur :* ligne supérieure du crâne presque plate ; yeux sombres et vifs ; petites oreilles en V d'épaisseur moyenne ; dos droit, court et puissant ; queue traditionnellement écourtée.

MENSURATIONS De 35 à 39,5 cm et de 7 à 9 kg.

SOINS – *À poil lisse :* nécessite un brossage quotidien. – *À poil dur :* requiert trois tailles par an et un entretien régulier.

COMPORTEMENT Affectueux et doué pour le dressage, c'est le compagnon idéal des jeunes enfants.

LAKELAND TERRIER

3e groupe, section A,
terriers de grande et moyenne tailles.

Originaire du Cumberland, au nord de l'Angleterre, la race est née du croisement de divers terriers. Elle était chargée de protéger les agneaux dans les troupeaux.

POIL Dense et rude, avec sous-poil isolant.
ROBES Noir et feu, bleu et feu, roux, blé mûr, roux grisé, marron foie, bleue ou noire.
PRINCIPAUX TRAITS Crâne aplati ; yeux raffinés noisette ou foncés ; oreilles en V ; poitrail assez étroit ; queue traditionnellement écourtée.
MENSURATIONS Mâles, de 35 à 38 cm ; femelles, de 34 à 37 cm. De 6,75 à 7,7 kg.
SOINS Son poil nécessite des brossages quotidiens et trois tailles par an.
COMPORTEMENT Brave, obstiné et intelligent, c'est un bon chien de compagnie et de garde.

TERRIER DE MANCHESTER

3e groupe, section A,
terriers de grande et moyenne tailles.

Les ancêtres de ce chien seraient d'anciens terriers que l'on exploitait dans des spectacles de massacre de rats au milieu du XIXe siècle. Il y a sans doute en lui du sang de Whippet et de Dachshund.
POIL Court, lisse, plaqué et brillant.
ROBES Noir de jais et feu vif.
PRINCIPAUX TRAITS Long crâne plat et étroit ; petits yeux sombres et brillants ; petites oreilles en V ; poitrail étroit et profond ; queue courte implantée dans le prolongement de la courbe du dos.
MENSURATIONS Mâles, de 39 à 42 cm ; femelles, de 37 à 40 cm. De 7,5 à 8 kg.
SOINS Un brossage et un bouchonnage quotidiens suffisent à l'entretien de son poil.
COMPORTEMENT Malgré son passé de chien d'utilité, c'est un excellent animal de compagnie, vivant, dévoué, et à longue durée de vie.

GLEN OF IMAAL-TERRIER

3e groupe, section A,
terriers de grande et moyenne tailles.

Très bas sur pattes, ce terrier originaire de la vallée de l'Imaal, en Irlande, était jadis employé pour chasser les animaux « nuisibles ». Il sert encore dans les fermes irlandaises mais on le rencontre surtout comme chien de compagnie.

POIL Mi-long et de texture rude, avec souspoil doux.

ROBES Bleue, bringée ou blé mûr.

PRINCIPAUX TRAITS Tête assez large et assez longue au front robuste ; yeux bruns ; petites oreilles qui se dressent en alerte ; mâchoires puissantes ; corps profond et de longueur moyenne ; queue forte à la base, bien implantée, éventuellement écourtée.

MENSURATIONS De 33 à 35 cm et de 14 à 16 kg.

SOINS Un brossage quotidien suffit à conserver au poil son aspect ébouriffé.

COMPORTEMENT Brave, joueur et affectueux.

TERRIER IRLANDAIS

3e groupe, section A,
terriers de grande et moyenne tailles.

Les Irlandais affirment qu'il s'agit d'un modèle réduit du Wolfhound, mais il semble plus vraisemblable que ce chien soit issu d'une race ancienne de terrier noir et feu.

POIL Dur et rude au toucher.

ROBES Unie, de préférence fauve roux vif, roux blé ou orange.

PRINCIPAUX TRAITS Longue tête plate et étroite entre les oreilles ; petits yeux sombres ; petites oreilles en V ; queue épaisse et musculeuse.

MENSURATIONS Environ 45 cm et de 11 à 22 kg.

SOINS Il faut tailler son poil deux ou trois fois par an et le brosser régulièrement.

COMPORTEMENT Compagnon affectueux, pouvant également être dressé pour la chasse à tir.

BORDER-TERRIER

3ᵉ groupe, section A,
terriers de grande et moyenne tailles.

C'est le plus petit des terriers de travail. Il fut créé au XIXᵉ siècle pour courir avec les meutes, mais de taille assez petite pour pénétrer dans les terriers et en chasser les renards.

POIL Rude et dense, avec sous-poil serré.
ROBES Rouge, fauve, gris et feu, bleu et feu.
PRINCIPAUX TRAITS Yeux foncés à l'expression vive ; petites oreilles en V ; corps profond étroit et assez long ; queue assez courte.
MENSURATIONS Mâles, 40 cm au maximum et de 5,9 à 7,1 kg ; femelles, 36 cm au maximum et de 5,1 à 6,4 kg.
SOINS Il aime les promenades longues et fréquentes. Son poil, qu'il ne perd pas, demande peu d'entretien.
COMPORTEMENT Généralement adorable avec les enfants, c'est un bon chien de compagnie et de garde, de grande longévité.

CAIRN-TERRIER

3ᵉ groupe, section B, terriers de petite taille.

Populaire en Écosse, il y est utilisé depuis plus de 150 ans pour chasser les animaux « nuisibles ». Il doit son nom aux fameux cairns écossais, monticules rocheux abritant fréquemment ses proies désignées.

POIL Abondant, rude mais non grossier, avec sous-poil court, doux et serré.
ROBES Crème, fauve, rouge, grise ou presque noire ; bringeures acceptables dans toutes ces colorations.
PRINCIPAUX TRAITS Petite tête ; yeux bien écartés ; petites oreilles pointues ; dos droit ; queue courte et équilibrée.
MENSURATIONS De 28 à 31 cm et de 6 à 7,5 kg.
SOINS Résistant, il aime beaucoup l'exercice. Son entretien est facile : brossages, peignages et suppression du poil en excès.
COMPORTEMENT Intelligent, vivant, affectueux et très efficace contre les animaux indésirables.

DANDIE-DINMONT TERRIER

3e groupe, section B,
terriers de petite taille.

TERRIER GALLOIS

3e groupe, section A,
terriers de grande et moyenne tailles.

Cousin du Skye-Terrier et du Scottish Terrier, le Dandie-Dinmont doit son nom à un personnage du romancier Walter Scott. Il fut développé à l'origine pour la chasse au blaireau et au renard.

POIL Sous-poil doux et pelucheux ; poils de garde plus rudes, non dur et semblant crépus au toucher.

ROBES Poivre (du noir bleuté au gris argenté pâle) ou moutarde (de brun-rouge à fauve pâle).

PRINCIPAUX TRAITS Tête forte mais proportionnée à la taille du chien ; yeux noisette foncé ; oreilles pendantes ; corps long, robuste et souple ; queue assez courte.

MENSURATIONS De 25 à 30 cm et de 6,5 à 11 kg.

SOINS Partant pour toutes les promenades que vous pourrez lui offrir. Le poil s'entretient facilement à la brosse et au peigne.

COMPORTEMENT Intelligent, affectueux et joueur.

Il fut employé jadis comme chien ratier, ainsi qu'à la chasse au renard et à la loutre. Deux souches existaient à l'origine, l'une anglaise aujourd'hui éteinte, l'autre celtique développée à partir de l'ancien Terrier noir et feu et dont est issue la forme actuelle.

POIL Dur, abondant, rude et serré.

ROBES Noir et feu de préférence ; également noir, gris et feu.

PRINCIPAUX TRAITS Tête plate et modérément large entre les oreilles ; petits yeux sombres bien implantés ; petites oreilles en V repliées vers l'avant ; corps court, bien enveloppé par les côtes ; membres musculeux ; queue bien implantée, traditionnellement écourtée.

MENSURATIONS 39 cm au maximum et environ 9 kg.

SOINS Beaucoup d'exercice et une taille du poil deux fois par an lui sont nécessaires.

COMPORTEMENT Gai, plein d'énergie, affectueux et doux avec les enfants.

TERRIER DU NORFOLK

3ᵉ groupe, section B, terriers de petite taille.

Jadis, le Terrier du Norfolk n'était pas différencié du Terrier de Norwich. Il ne fut officiellement reconnu comme race à part entière qu'en 1964 en Grande-Bretagne. Les deux races, probablement issues de mélanges de Cairn, de Border et de Terrier Irlandais, sont originaires de la région est-anglienne de l'Angleterre. De nos jours, le seul caractère qui les distingue est la structure de leurs oreilles : tombantes chez le Terrier du Norfolk, dressées chez le Norwich.

POIL Dur, droit et rude au toucher.
ROBES Rouge de toutes nuances, fauve, noir et feu ou grise ; taches et marques blanches indésirables mais admises.
PRINCIPAUX TRAITS Crâne large ; yeux profonds de forme ovale ; oreilles en V de taille moyenne, légèrement arrondies à l'extrémité ; corps compact ; l'écourtage de la queue n'est pas obligatoire.
MENSURATIONS Environ 25,5 cm et 5 kg.
SOINS Il a besoin de beaucoup se dépenser et son poil nécessite un brossage quotidien.
COMPORTEMENT Malgré sa taille, ce chien se montre très alerte et intrépide, mais sait aussi faire preuve de douceur avec les enfants et d'un comportement égal faisant de lui un adorable petit compagnon.

TERRIER DE NORWICH

3e groupe, section B, terriers de petite taille.

Très semblable à son cousin du Norfolk, à l'exception de ses oreilles dressées, il partage les mêmes origines géographiques. Vraisemblablement issu d'un croisement de différents terriers, parmi lesquels le Cairn, le Border et l'Irlandais, il a connu une forte popularité auprès des étudiants de l'université de Cambridge. Norfolk et Norwich sont deux races de terriers traditionnelles, bien adaptées à la chasse au petit gibier en milieu ouvert ; un instinct qui les pousse à visiter le moindre terrier à chaque promenade.

POIL Dur, droit et rude au toucher, particulièrement autour des épaules.
ROBES Rouge de toutes nuances, fauve, noir et feu ou grise ; taches et marques blanches indésirables mais admises.

PRINCIPAUX TRAITS Museau fort en forme de coin ; petits yeux sombres et ovales ; oreilles dressées et bien écartées au sommet du crâne ; encolure puissante ; dos court ; l'écourtage de la queue n'est pas obligatoire.
MENSURATIONS Environ 25,5 cm et 5 kg.
SOINS Aime se dépenser régulièrement. Un brossage quotidien suffira à son poil, qui devra être taillé en vue d'un concours.
COMPORTEMENT Adaptable, résistant, adorable et d'un tempérament égal. Il est alerte et téméraire mais doux avec les enfants. Le parfait chien de compagnie.

TERRIER DE SKYE

3e groupe, section B,
terriers de petite taille.

Le Terrier de Skye, né dans l'île écossaise du même nom, a été créé pour chasser sous terre blaireaux, renards, loutres et lapins.

Poil Long, droit, rude et plaqué ; sous-poil laineux et court, serré et doux.

Robes Noire, gris clair ou foncé, fauve ou crème ; oreilles et bout du museau noirs.

Principaux traits Tête au crâne long et puissant ; yeux bruns ; oreilles dressées ou pendantes ; corps long à dos droit.

Mensurations Environ 25,5 cm et de 10 à 12 kg.

Soins Son pelage long et magnifique nécessite un entretien considérable, d'autant qu'il apprécie les promenades dans la nature.

Comportement Assez méfiant, il témoigne peu d'intérêt, voire aucun, aux étrangers à la famille.

WEST-HIGHLAND WHITE TERRIER

3e groupe, section B, terriers de petite taille.

Comptant parmi les chiens de pure race les plus populaires, le « Westie », né dans les Highlands écossais, était destiné à l'origine à la chasse aux « nuisibles ».

Poil Rude et non bouclé, avec sous-poil court et doux formant fourrure.

Robes Blanc pur.

Principaux traits Tête légèrement arrondie ; yeux bien écartés ; petites oreilles portées très droites ; corps compact au dos droit, aux reins larges et puissants ; queue de 12,5 à 15 cm de long.

Mensurations Environ 28 cm et de 6 à 8 kg.

Soins Doit être brossé souvent pour conserver propre son poil blanc ; toilettage nécessaire en vue d'un concours.

Comportement Courageux et résistant, il s'entend bien avec les enfants.

TERRIER ÉCOSSAIS

3e groupe, section B, terriers de petite taille.

Terrier Écossais, Scottish Terrier ou « Scottie », il fut créé à Aberdeen, en Écosse, aux fins exclusives de la chasse aux « nuisibles ».

Poil Dur, dense et raide, avec sous-poil court, doux et dense.

Robes Noire, fauve ou bringée de toutes nuances.

Principaux traits Tête et crâne allongés mais proportionnés à la taille du chien ; yeux en amande ; oreilles fines et bien découpées ; queue mi-longue et dressée.

Mensurations De 25 à 28 cm et de 8,5 à 10,5 kg.

Soins Son poil doit être brossé quotidiennement et taillé deux fois par an et sa barbiche nécessite un brossage et un peignage doux. Il adore la marche et les jeux de balle.

Comportement Joueur et résolu, il tend à réserver son affection à une ou deux personnes au maximum ; sûr mais peu accueillant vis-à-vis des étrangers.

TERRIER DE SEALYHAM

3e groupe, section B, terriers de petite taille.

On retrouve ses traces dès le XVe siècle, au pays de Galles, où il fut créé pour déterrer les blaireaux et chasser avec les meutes de courre.

Poil Long, dur et raide, avec sous-poil isolant.

Robes Entièrement blanche ou avec marques citron, bleues, brunes ou charbonnées sur la tête et les oreilles.

Principaux traits Tête légèrement arrondie ; yeux sombres ; oreilles de taille moyenne ; corps de longueur moyenne ; queue portée dressée, traditionnellement écourtée.

Mensurations 31 cm au maximum et de 8 à 9 kg.

Soins Nécessite des brossages réguliers et un toilettage en vue d'un concours.

Comportement Bon sujet de concours et agréable compagnon, notamment avec les enfants, mais peut être agressif envers les autres chiens.

CHIHUAHUA

9ᵉ groupe, section VI,
chiens d'agrément ou de compagnie.

TERRIER DU YORKSHIRE

3ᵉ groupe, section D,
terriers d'agrément.

Le Chihuahua, qui est le plus petit chien du monde, emprunte son nom à la région du Mexique d'où il serait originaire. Certains voient en lui le chien sacré des Aztèques.

POIL – *À poil long :* long et doux. – *À poil court :* court et dense, doux au toucher.
ROBES Toutes couleurs et mélanges admis.
PRINCIPAUX TRAITS Tête en pomme ; larges oreilles dressées ; grands yeux ronds ; dos droit ; queue implantée haut et recourbée sur le dos.
MENSURATIONS De 16 à 20 cm et de 0,9 à 3,5 kg.
SOINS Poil facile à entretenir d'un brossage et d'un peignage quotidiens, ce qui en fait un mini-chien de concours sans problème.
COMPORTEMENT Intelligent et affectueux à en devenir possessif, débordant d'énergie.

L'un des chiens miniatures les plus popu laires, le « Yorkie » des Anglais est une race assez récente, développée au cours des cen dernières années dans la région anglaise don il a pris le nom.

POIL Brillant, fin et soyeux.
ROBES Bleu acier foncé s'étendant de l'ar rière de la tête à la base de la queue ; face poitrail et bas des membres fauve doré.
PRINCIPAUX TRAITS Petite tête au somme aplati ; yeux foncés, brillants et de taille moyenne ; petites oreilles en V portées dres sées ; corps compact ; queue généralemen écourtée à mi-longueur.
MENSURATIONS Environ 20 cm et 3,2 kg au maximum.
SOINS Entretien complexe et coûteux si l'or veut aller en concours.
COMPORTEMENT Intrépide, débordant d'affec tion et autoritaire, à l'image de tous les terriers

TOY-TERRIER

3ᵉ groupe, section D,
terriers d'agrément.

Il fut développé par élevage sélectif des plus petits sujets du Terrier de Manchester, ascendant dont il conserve, en réduction, bien des caractéristiques.

POIL Épais, serré et brillant.

ROBE Noire et feu.

PRINCIPAUX TRAITS Tête longue et étroite ; yeux foncés à noir ; oreilles dressées en « flamme de bougie » et aux extrémités assez pointues ; corps compact ; queue épaisse à la base et s'effilant en pointe.

MENSURATIONS De 25 à 30 cm et de 2,7 à 3,6 kg.

SOINS Requiert juste un brossage et un pansage quotidiens pour lustrer sa robe.

COMPORTEMENT Rare en dehors des circuits cynophiles, c'est pourtant un chien de compagnie affectueux et intelligent. Doux avec les enfants mais un seul maître lui convient mieux qu'une grande famille. Conserve ses talents de ratier.

PETIT CHIEN LION

9ᵉ groupe, section I, chiens d'agrément
ou de compagnie, Bichons et apparentés.

Aussi appelé Löwchen, c'est un membre de la famille des Bichons, présent dans notre pays ainsi qu'en Espagne depuis la fin du XVIᵉ siècle.

POIL Assez long et ondulé.

ROBES Toutes couleurs ou combinaisons admises.

PRINCIPAUX TRAITS Crâne large et court ; longues oreilles pendantes, bien frangées ; yeux ronds et foncés à l'expression intelligente ; corps court et robuste ; queue de longueur moyenne, taillée en plume.

MENSURATIONS De 20 à 35 cm et de 2 à 4 kg.

SOINS Nécessite un brossage quotidien. Pour le toilettage de concours, rechercher un avis expert.

COMPORTEMENT Affectueux, intelligent et vivant, il est populaire dans les cercles cynophiles mais rarement vu en dehors. Il apprécie la vie de chien d'agrément.

BICHON À POIL FRISÉ

9e groupe, section I, chiens d'agrément ou de compagnie, Bichons et apparentés.

Ressemblant assez à un Caniche nain, le **Bichon à poil frisé est considéré comme un descendant du Chien d'Eau Français, le Barbet, et son nom est issu du diminutif « Barbichon ». Introduit aux îles Canaries au XIVe siècle par des pêcheurs, il fut d'ailleurs longtemps appelé le Ténériffe, du nom de la capitale de ces îles.**

POIL Long et à boucles lâches.
ROBE Blanche ; marques crème ou abricot admises jusqu'à l'âge de 18 mois.
PRINCIPAUX TRAITS Longues oreilles tombant près de la tête ; yeux sombres et arrondis avec bords blancs ; encolure relativement longue et arquée ; queue portée gracieusement recourbée sur le dos.

MENSURATIONS De 25 à 30 cm et de 2,5 à 3 kg.
SOINS Le poil doit être régulièrement taillé et toiletté, et brossé très souvent pour lui conserver son volume et sa légèreté. L'animal appréciera tout l'exercice que vous pourrez lui donner.

COMPORTEMENT Gai, vivant et amical, c'est un chien de compagnie attrayant et caressant.

CARLIN

9ᵉ groupe, section XII, chiens d'agrément ou de compagnie, Molossoïdes de petit format.

Probablement originaire de Chine et cousin très réduit du Dogue du Tibet, le Carlin fut introduit en Hollande au cours du XVIᵉ siècle.

POIL Fin, lisse, court et brillant.

ROBES Sable argenté, abricot, fauve ou noire ; masque et oreilles noirs et trace noire le long du dos.

PRINCIPAUX TRAITS Tête large au museau très court et parcourue de rides profondes ; oreilles soit en rose, soit en boutons ; très grands yeux sombres ; corps ramassé, court et massif ; queue implantée haut et enroulée serrée sur le dos.

MENSURATIONS Environ 30 cm et de 6,5 à 8 kg.

SOINS Demande peu d'exercice et supporte mal la chaleur. Quotidiennement, un brossage et un bouchonnage à l'aide d'un tissu de soie feront briller son pelage.

COMPORTEMENT Gai et intelligent, doux avec les enfants.

GRIFFON BRUXELLOIS

9ᵉ groupe, section III, chiens d'agrément ou de compagnie, races belges de petit format.

Utilisé au XVIIᵉ siècle en Belgique pour débarrasser les étables de la vermine, il est devenu animal de compagnie grâce à sa personnalité attrayante.

POIL Rude et dur.

ROBE Fauve roux ; trace noires tolérées au museau.

PRINCIPAUX TRAITS Tête assez grosse, large entre les oreilles ; yeux très écartés, très foncés et bordés de noir ; dos court et droit ; queue traditionnellement coupée court et portée haut.

MENSURATIONS Mâles, de 24 à 28 cm. De 3 à 5 kg au maximum.

SOINS Son poil rude nécessite beaucoup d'attention, mais peut être taillé.

COMPORTEMENT Gai et intelligent, possédant des dispositions de terrier.

LOULOU DE POMÉRANIE

Race non reconnue par la nomenclature
cynologique officielle.

AFFENPINSCHER

2e groupe, section I,
chiens de type Pinscher-Schnauzer.

Ce membre de la famille des Spitz, aux loin-
taines origines arctiques, a été sélectionné
dans le nord de l'Allemagne, en Poméranie,
vers 1700.

POIL Long, droit et rude, avec sous-poil doux
et volumineux.
ROBES Toutes colorations.
PRINCIPAUX TRAITS Tête et museau aux lignes
douces ; yeux de taille moyenne ; petites
oreilles dressées ; dos court et corps compact ;
queue implantée haut, portée retournée sur
le dos, à plat.
MENSURATIONS 27,5 cm au maximum. Mâles
de 1,3 à 3,1 kg.
SOINS Il aime les longues marches. Beau sujet
de concours si l'on dispose du temps pour
entretenir son double poil, qui doit être passé
quotidiennement à la brosse dure et taillé
régulièrement.
COMPORTEMENT Vif, robuste, affectueux et
fidèle, doux avec les enfants, il aime qu'on
lui témoigne beaucoup d'attention.

Originaire d'Allemagne, c'est le plus petit des
Pinschers. Sa face rappelant celle d'un singe
lui a valu son nom qui signifie « pinscher
singe ». Il ressemble aussi beaucoup au Grif-
fon Bruxellois.

POIL Épais et rêche au toucher.
ROBE Noire ; marques grises, feu ou brunes
admises.
PRINCIPAUX TRAITS Mâchoire légèrement pro-
gnathe ; yeux noirs ronds et brillants ; petites
oreilles attachées haut, dressées de préférence ; dos droit et court ; queue implantée
haut, écourtée aux deux tiers de sa longueur.
MENSURATIONS De 25 à 30 cm. Poids inférieur
ou égal à 4 kg.
SOINS Son poil naturellement ébouriffé doit
être brossé quotidiennement.
COMPORTEMENT Chien attrayant, à l'intelligence vive, affectueux, bon sujet de concours.
Ratier efficace à l'occasion, il apprécie les
grands espaces.

ÉPAGNEUL NAIN CONTINENTAL

9ᵉ groupe, section X, chiens d'agrément et de compagnie, Épagneuls Nains Continentaux.

Ce chien est reconnu officiellement sous deux formes : le Papillon, aux grandes oreilles dressées, et le Phalène, aux oreilles tombantes. On trouve des traces de cette race franco-belge dès le XIVᵉ siècle.

POIL Long et abondant, fluide et de texture soyeuse.

ROBES Blanche avec marques de toutes couleurs, excepté marron foie ; blanc et noir avec taches feu au-dessus des yeux, dans les oreilles, sur les joues et sous la queue.

PRINCIPAUX TRAITS Tête légèrement arrondie ; larges oreilles dressées (Papillon) ou repliées et tombantes (Phalène) ; corps assez long ; longue queue frangée.

MENSURATIONS – *Papillon :* 28 cm au maximum et de 1,5 à 2 kg. – *Phalène :* 28 cm au maximum et de 2,5 à 4,5 kg.

SOINS Un brossage quotidien pour faire briller le poil.

COMPORTEMENT Intelligent et de santé robuste, il s'est montré excellent sujet de concours d'obéissance.

BICHON MALTAIS

9ᵉ groupe, section I, chiens d'agrément et de compagnie, Bichons et apparentés.

C'est l'une des plus vieilles races européennes. Présent sur l'île de Malte depuis des siècles, il est parvenu jusqu'en Chine et aux Philippines par l'intermédiaire des commerçants.

POIL Long, droit et soyeux.

ROBES Blanche ; légères marques citron autorisées sur les oreilles.

PRINCIPAUX TRAITS Crâne large légèrement arrondi ; museau légèrement effilé ; longues oreilles très poilues ; yeux ovales ; corps compact ; longue queue touffue portée recourbée sur le dos.

MENSURATIONS Mâles, de 21 à 25 cm ; femelles, de 20 à 23 cm. De 3 à 4 kg.

SOINS Doit être brossé tous les jours.

COMPORTEMENT Chien à la santé robuste et de grande longévité, gai, adorable et doux avec les enfants.

PETIT LÉVRIER ITALIEN

10ᵉ groupe, section C, Lévriers à poil court, oreilles couchées ou tombantes.

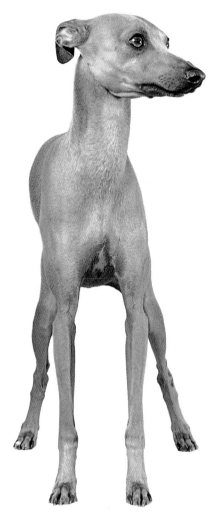

Compte tenu de son apparence, il ne fait guère de doute que le Petit Lévrier Italien, également appelé Levrette d'Italie, soit un descendant du Greyhound (l'une des plus vieilles races du monde).

POIL Ras, fin, soyeux et brillant.

ROBES Unicolore noire, gris ardoise, fauve ou beige, avec tout au plus une tache blanche sur le poitrail et le bout des pattes.

PRINCIPAUX TRAITS Long crâne plat et étroit; oreilles en rose et très en arrière; grands yeux expressifs; pieds de lièvre; longue queue implantée et portée bas.

MENSURATIONS De 32 à 38 cm et 5 kg au maximum.

SOINS Sensible au froid, il doit être couvert en hiver. Ses membres, fragiles, cassent facilement. Poil facile d'entretien, un bouchonnage avec un tissu de soie suffisant à le faire briller.

COMPORTEMENT Petit chien sensible qui, malgré son aspect délicat, apprécie l'exercice.

PÉKINOIS

9ᵉ groupe, section IX, chiens d'agrément...

ÉPAGNEUL JAPONAIS

9ᵉ groupe, section IX, chiens d'agrément ou de compagnie, Épagneul Japonais et Pékinois.

Ce chien demeura plus de 1 000 ans le favori des empereurs japonais qui décrétèrent qu'il devait être adoré.

POIL Abondant, long, doux et droit.

ROBES Blanc de toutes nuances, y compris sable, citron ou orange, avec grandes taches noires ou fauve rouge. Jamais tricolore.

PRINCIPAUX TRAITS Tête arrondie, assez grosse par rapport à la taille de l'animal ; museau court ; petites oreilles très écartées ; grands yeux sombres ; corps carré et compact ; queue fournie, implantée haut et recourbée sur le dos.

MENSURATIONS Environ 30 cm et de 2 à 6 kg.

SOINS L'exercice lui convient en quantité moyenne et un brossage quotidien lui suffit. Ne pas le fatiguer par temps chaud.

COMPORTEMENT Petit chien affectueux, attrayant et robuste, doux avec les enfants.

...u de compagnie, Épagneul Japonais et Pékinois.

Jusqu'en 1860, il était exclusivement élevé et vénéré à la cour impériale de Chine.

POIL Long et droit. Double, avec poil de garde rude et sous-poil épais.

ROBES Toutes, excepté albinos et marron foie.

PRINCIPAUX TRAITS Tête large et aplatie, avec museau très court et stop fortement marqué ; face plate ; yeux ronds ; oreilles poilues ; encolure épaisse et poitrail profond ; corps court avec une démarche un peu roulante.

MENSURATIONS De 15 à 25 cm et de 2,5 à 6 kg.

SOINS Le poil nécessite un entretien considérable.

COMPORTEMENT Intelligent et intrépide.

KING-CHARLES

9e groupe, section VIII, chiens d'agrément
ou de compagnie, Épagneuls Anglais d'agrément.

CAVALIER-KING-CHARLES

9e groupe, section VIII, chiens d'agrément
ou de compagnie, Épagneuls Anglais d'agrément.

Originaire de Chine comme son cousin le King-Charles, le Cavalier présente de nombreuses similitudes avec l'Épagneul Japonais. Il fut grand favori du roi Charles II d'Angleterre auquel il doit son nom.

Les origines de la race se situent, au Japon, 2000 ans av. J.-C.

Poil Long, soyeux et droit ; légères ondulations admises.
Robes Noir et feu (fond noir et marques feu), Ruby (rouge châtaigne uniforme), Blenheim (châtaigne vif sur fond blanc) et tricolore (noir, blanc et feu).
Principaux traits Crâne haut et très bombé au-dessus des yeux ; stop bien marqué ; oreilles attachées bas, longues et bien poilues ; poitrail large et profond ; queue touffue portée au-dessus du niveau du dos.
Mensurations De 26 à 32 cm et de 3,6 à 6,3 kg.
Soins Brossage quotidien. Il est conseillé de nettoyer souvent le tour des yeux.
Comportement Chien amical et obéissant.

Poil Long et soyeux, dépourvu de boucles.
Robes Noir et feu (fond noir et marques feu), Ruby (rouge châtaigne uniforme), Blenheim (châtaigne vif sur fond blanc) et tricolore (noir, blanc et feu).
Principaux traits Crâne plutôt plat ; longues oreilles attachées haut ; grands yeux sombres ; silhouette courte mais harmonieuse ; queue bien fournie.

Originaire d'Australie, le Silky Terrier fut développé dans les années 1800 et doit l'existence à un croisement des Terriers de Skye, de Yorkshire et Australien.

POIL Droit, fin et brillant.

ROBES Gris-bleu argenté ou ardoisé avec marques feu à la tête, sur la partie inférieure des membres et sous la queue.

PRINCIPAUX TRAITS Petit chien de construction compacte, au corps légèrement plus long que haut ; tête moyennement allongée ; petits yeux ronds et foncés ; petites oreilles en V ; queue traditionnellement écourtée.

MENSURATIONS Environ 22,5 cm et de 4 à 5 kg.

SOINS Aime les longues promenades et son poil doit être brossé et peigné régulièrement. Les sujets de concours réclament beaucoup d'attention.

COMPORTEMENT De caractère typiquement terrier, il est plein de vie, loyal et bon chien de garde.

MENSURATIONS De 25 à 34 cm et de 5,5 à 8 kg.

SOINS Comptant parmi les plus grandes races de toys, il aime l'exercice et son poil un entretien quotidien à la brosse dure.

COMPORTEMENT Obéissant, de bonne nature et adorant les enfants, c'est le parfait compagnon de la famille.

INDEX

Achevé d'imprimer en janvier 1996
par Star Standard Industries (Pte) Ltd, Singapour